樋口廣太郎［著］

樋口廣太郎の「感謝」の仕事学

東京堂出版

目次——樋口廣太郎の「感謝」の仕事学——

プロローグ

引退後も枯れないチャレンジ精神

過去の自分と訣別する――

いきなり、読者のみなさまから「なんて非常識な」とお叱りを受けそうな話ですが、かつて私は一度だけ、職場の仲間に「香典をください」と頼んだことがあります。

ジェームズ・ボンドでもない限り、人は二度も三度も死ねないのですから、「一度だけ」なのは当たり前。しかし、たった一度のこととはいえ、まだ死んでもいないのに自分の香典を寄越せとは、ひどく図々しい話です。

とはいえ私は、生活に困ってそんなことを頼んだわけではありません。

一九八六年に住友銀行（現・三井住友銀行）からアサヒビールへの「婿入り」が決まった直後のことでした。各地の支店長に集まってもらった出陣式の席上で、私はまずアサヒビールの窮状を訴え、その後でこうお願いしたのです。

「どうか私に香典を出したつもりで、市中にあるアサヒビールを買ってください」

香典返しは、買ってもらったビール。香典の二度取りは絶対にしない、とも約束しました。これまた図々しい話ですが、もし私がアサヒビールで成功して会社を立て直せば、おそらく社葬になって「勝手ながら、香典、供花の儀は固くお断りします」ということにできる。逆に、もし失敗した場合は、どこか誰にもわからないところで人知れず死ぬつもりだ。だから、どちらにしても再び香典をもらうようなことはない、というわけです。

むろん、私の香典ごときで「夕日ビール」とまで酷評されたアサヒビールを支えられるわけがありません。でも当時の経営状態は、「香典だと思ってビールを買ってくれ」と、藁にもすがる思いで頼みたくなるぐらいのドン底でした。

かつて三六パーセント以上あったシェアは、九・六パーセントにまで急落。営業部門と管理部門の責任者に「何か打つ手はないか」と訊ねれば、「どこを探しても好転する材料はありません！」と胸を張って即答される始末です。

そんなことで胸を張られても困るのですが、そんなふうに開き直りたくなるぐらい悪い状態だったことは事実。私自身、最初の頃は眠れない毎日を過ごしましたが、やがて
「三〇パーセントのシェアを倍にするより、一〇パーセントを倍にするほうが簡単だ」

「業績不振会社なんだから、少しでも利益を増やせば褒められる」

「どうせやるなら難しい会社のほうがやり甲斐がある」

と、半ば開き直りの心境で腹をくくりました。

そのとき私が肝に銘じていたのは、フランスのノーベル賞作家アナトール・フランスが残した、「新しい世界に生きようとするならば、前の世界のことは死滅させなければいけない」と

いう言葉です。

私は住友銀行で副頭取まで務めましたが、ビール業界という「新しい世界」では、そんな肩書きなど何の役にも立ちません。銀行での仕事を「死滅」させなければ、多くの困難が待ち受けている第二の人生を切り開くことはできないのです。

しかし、三六年も続けた仕事のことを、そう簡単に忘れられるものではありません。

だからこそ私は、過去の自分ときっぱり訣別するために、「香典」を要求しました。

「住友銀行の樋口廣太郎」はそこで「死滅」させ、「アサヒビールの樋口廣太郎」として生まれ変わるつもりだったのです。

引退しても新たな挑戦――

一九八六年の一月に「アサヒビールの樋口廣太郎」となった私は、「一五年でキリンビールを追い抜く」という目標を立てました。

当時、業界トップのキリンはアサヒの六・五倍ものシェアを誇っていましたから、誰もそれに追いつき、追い抜くことができるなどと思っていません。でも私は、どうせやるならトップを目指さなければ意味がないと思いましたし、それは実現可能だと本気で信じていました。

新役員挨拶会におけるスピーチ（写真提供：新国立劇場）

「念ずれば花開く」の精神です。

花は、予定よりも二年早く満開になりました。

「アサヒビールがビール業界のトップに……」

そんな見出しが新聞の夕刊に躍ったのは、香典を要求してから一三年後の、一九九九年一月一二日のことです。

その七年前から代表取締役会長に就任していた私は、その新聞に目を通すと、すぐに瀬戸雄三社長と連絡を取り、かねてから考えていたことを伝えました。私はアサヒビールに移った当初から、「業界一位」という大目標を達成したときには、即座に経営の第一線から退こうと心に決めていたのです。

その二日後。

朝刊に、私が代表取締役会長を退任したことを報じる記事が掲載されました。それに目を通しながら、長いようで短かった一三年間のさまざまな出来事が頭の中に思い浮かんだことは、言うまでもありません。

決して平坦な道のりではありませんでした。

たとえばスーパードライが大ヒット商品になった頃、需要を賄うために六年半で六〇〇〇億円もの設備投資をしたときには、講師として招かれた米国のハーバード大学ビジネススクールで「ミスター樋口はクレージーだ」と評されたこともあります。

そのときは、「チャンスは貯金できない」という持論を展開した結果、理解を示してくれる人のほうが多くなりましたが、こうして「前例のないこと」にチャレンジしていると、いろいろな場面で抵抗を受けたり、軋轢が生じたりするものです。

ただ、それとは逆に、こんな私を信じて一生懸命に後押ししてくださる方々が大勢いらっしゃったことも事実。

自分の退任記事を読みながら、私の胸には、そういった方々への感謝の気持ちが湧いてきました。多くの人々に支えられてアサヒビールを再建できた私は、本当に運のいい男だと思います。

そうやって新聞を眺めながら、しばし一三年間の思い出には浸ったものの、経営の第一線から離れることに対する寂しさや、肩の荷を下ろしたような安堵感のようなものは、不思議と起こりませんでした。

世の中には、何かを成し遂げた後で気分が落ち込んで、うつ状態になってしまう人も少なくないようです。それを専門的には「荷下ろしうつ」と呼ぶこともあるそうですが、そこまで行かなくても、たとえば定年を迎えて「毎日が日曜日」になった元ビジネスマンが、何をやっていいかわからずにボーッとしてしまうことは少なくありません。

しかし私の場合、そんな気分ともまったく無縁でした。ホッと一息つくわけでもなければ、ガックリと脱力したわけでもない。新聞をたたんでデスクに置いたとき、私の頭に浮かんだのは、こんな思いでした。

……さて、次は何に挑戦するかな？

一九八六年に「住友の樋口」から「アサヒの樋口」に生まれ変わった私ですが、今回は自分がまるで若手起業家に生まれ変わったかのようなフレッシュな気分になりました。

アサヒビールでの仕事はすぐに「死滅」してしまい、来るべき「新しい世界」での新しい仕事への意欲が、ムクムクと頭をもたげてきたのです。

生涯心のダイナモを燃やし続けたい――

そのとき私は七二歳。いや、数日後には七三歳になろうとしていました。半世紀も働いてきたのですから、もう仕事の世界とは縁を切って、のんびりと孫の相手でもしながら静かに隠居生活を送ることを考えてもいい年齢でしょう。

しかし、どうやら私は、いわゆる「悠々自適の老後生活」を求めるような発想を、そもそももち合わせていないようです。

住友銀行からアサヒビールに移ったときも、もっと楽な選択肢がなかったわけではありません。

「わざわざ、そんな火中の栗を拾うようなことをしなくても」と助言してくれた人もいます。アサヒの一員になったときは、「晩節を汚さないために、三カ月ほど入院なさってはいかがですか」とも言われました。

それでも私はアサヒビールを選び、入院もしなかったわけですが、それは何も「火中の栗を拾う」ような正義感によるものではありません。また、晩節を汚すとか汚さないとか、そういうことも念頭にありませんでした。

私が求めていたのは、常に自分らしく、クリエイティブでユニークな生き方をしたい、ということです。

順調に業績を伸ばしている会社に移って、お飾りのようにトップの座に就けば、そんな仕事はできないでしょう。たしかに、のんびりと過ごしながら晩節を全うすることはできるかもしれませんが、それでは少しも自分を活かすことができません。

自分らしく活き活きと仕事をするには、「逆境こそチャンス」なのです。だからこそ私は、あえてアサヒビールを選びました。

そして、経営の第一線を離れた今でも、逆境こそ自分を活かす道だという気持ちに変わりはありません。悠々自適の老後という「順境」に身をおいていたのでは、生きている実感が得られないような気がするのです。

戦中派の私は、小中学校の同級生のほぼ一割が戦争で亡くなっており、空襲によって築かれた死体の山を目の当たりにしたこともあるせいか、比較的早いうちから「死」を意識して生きてきました。銀行を辞めるとき仲間に香典を求めたのも、その影響があるのかもしれません。

人間はみんな、死に向かって生きている……私は常に、その現実を真正面から直視しながら暮らしてきたのです。

ただし、だからといって私は人生を悲観しているわけではありませんし、虚無感に襲われているわけでもありません。

逆に、死が避けられないものであるからこそ、私はそこに積極的な意味を見出したいと願っています。

「死が待ち受けている人生は、なんて儚いんだろう」ではなく、「儚い人生だからこそ、この一瞬を大事にしよう」と考える。どうせいつかは棺桶に入らなければならないのですし、その時期もおおよそ見当はついているのですから、それまでは精一杯、明るく前向きに生きたいと思うのです。

ですから、会社を業界トップに押し上げるという目標を達成し、経営の第一線から離れたからといって、寂しさや満足感に浸っている暇はありません。一つの仕事が終わったというだけで、人生が終わったわけではないのです。

生きている以上、必ず「次」がある。一瞬一瞬を大事にする生き方とは、常に「次」の目標を見定めて意欲を高め、心のダイナモ（発電機）を燃やし続ける生き方のことだと私は思います。

生ある限り自分らしく輝き続けたい――

ところで、みなさんは三屋清左衛門という人物をご存じでしょうか。

名前から想像がつくとおり江戸時代の人物で、ある藩の御小納戸役から出発して次第に出世していき、最後は藩主の用人を勤めた……といっても、彼は実在の人物ではありません。ある小説の登場人物です。

代表取締役会長を退任してから間もない、ある日のこと。「次は何に挑戦しよう」と新たな意欲を燃やしていた私は、デスクの上に置いてあった一冊の本に目を留めました。

それが、藤沢周平さんの『三屋清左衛門残日録』です。私は以前から、いずれ第一線を退いたときに、その本をじっくり読み直したいと思っていました。

この小説は、清左衛門が用人の職を退き、息子に家督を譲って隠居するところから始まります。彼が職を辞することにしたのは、側近として仕えていた先代藩主の死去がきっかけでした。「新しい藩主は新しい側近を用いるべきだ」と考えていた彼は、私と同様、あらかじめ決めていたとおりに行動したのでしょう。

したがって、むろん、仕事への未練はありません。三年前に妻を亡くしてから勤めに疲れを感じていた清左衛門は、のんびり散策や釣りをしながら過ごす悠々自適の晩年を心から望み、胸をときめかせていました。

ところが、国元へ帰って隠居部屋で暮らし始めた彼は、言いようのない寂寥感に襲われます。長年、賑やかな江戸屋敷で生活していた清左衛門にとって、国元の家は静かすぎました。

夜中に一人で過ごしていると、「突然に腸をつかまれるようなさびしさ」に襲われ、自分が「暗い野中にただ一本で立っている木であるかのように」感じられる。隠居の身を待ち受けていたのは、忙しい勤めからの解放感ではなく、「世間から隔絶されてしまったような自閉的な感情」だったのです。

そういう清左衛門の感情に共感する人は多いでしょう。先ほども書いたように、定年退職で会社に行かなくなったとたん、目標を見失って放心してしまい、孤独感に苦しめられる人が多いのです。

現役からリタイアするとき、たいがいの人は「これからは会社や仕事に束縛されずに好きなことが思う存分できる」と思うものですが、実際にやってみると決して楽しいことばかりではありません。

そのあたりの心境を、藤沢周平さんは次のように描写しています。少し長くなりますが、引用してみましょう。

隠居をすることを、清左衛門は世の中から一歩しりぞくだけだと軽く考えていた節がある。ところが実際には、隠居はそれまでの清左衛門の生き方、ひらたく言えば暮らしと習慣のすべてを変えることだったのである。

勤めていたころは、朝目ざめたときにはもうその日の仕事をどうさばくか、その手順を考えるのに頭を痛めたのに、隠居してみると、朝の寝ざめの床の中で、まずその日一日をどう過ごしたらいいかということから考えなければならなかった。君側の権力者の一人だった清左衛門には、藩邸の詰所にいるときも藩邸内の役宅にくつろいでいるときも、公私織りまぜておとずれる客が絶えなかったものだが、いまは終日一人の客も来なかった。

清左衛門自身は世間と、これまでにくらべてややひかえめながらまだまだ対等につき合うつもりでいたのに、世間の方が突然に清左衛門を隔ててしまったようだった。多忙で気骨の折れる勤めの日日。ついこの間まで身をおいていたその場所が、いまはまるで別世界のように遠く思われた。

そして彼は、もう昔に戻ることはできない以上、隠居で生じた空白感を「新しい暮らしと習慣で埋めて行くしかない」と思い定め、若い頃にやり残した学問や剣の修行に精を出そうと考えます。「ぼんやりしていても仕方がないから」と、日記もつけ始めました。

その日記の表紙に記された表題が、「残日録」です。

「残された日々」と読むと、何やら寂しげですが、これはそういう意味ではありません。

「いま少しおにぎやかなお名前でもよかったのでは」と言う嫁に向かって、清左衛門はこう説明しています。

「日残リテ昏《く》ルルニ未ダ遠シの意味でな。残る日を数えようというわけではない」

つまり「残日録」の「日」とは、太陽のこと。隠居はしても日が沈んだわけではないのだから、まだまだ人生の輝きは失わないぞ、という気持ちの表れでしょう。

これは、「棺桶に入るまで精一杯に明るく生きたい」という私の気持ちとも通じるものです。私も、残された日々を数えながら生きるつもりはありません。

第一線からは退いても、「昏ルルニ未ダ遠シ」の精神で、自分らしい輝きを保ちたいと思っています。

リタイアしても爽やかに社会とつながって生きる——

さて、学問や剣の修行に打ち込もうと心に決めた清左衛門でしたが、彼の空白感を埋め、

「残日」を本当に輝かせたのは、そういうものではありませんでした。

隠居した清左衛門のところには、町奉行をはじめとする友人や知人が訪れ、藩内で起こるいろいろな厄介事の解決を頼みます。

一例を挙げれば、最初に町奉行から相談を受けたのは、かつて先代藩主が手をつけた女性の結婚問題でした。

もちろん、すでに公職を離れて隠居している清左衛門には、そういった問題に関わる義務も責任もありません。しかし彼は一つひとつの相談事をじっくり吟味し、もつれた糸を解きほぐすようにして、解決に向かうよう尽力します。

決して出しゃばることなく、自分の立場をわきまえながら、これまで積み重ねてきた豊富な知恵と経験を活かして、与えられた役目を果たす。そんな清左衛門の活躍を描いたのが、『三屋清左衛門残日録』という小説なのです。

仕事をリタイアした後、それまで忙しくてできなかった趣味の世界に没入しようとする人は多いでしょう。何十年もの間、あるときは私生活を犠牲にしながら働いてきたのですから、やっと手に入れた自由な時間を好きなことのために使おうと思うのは、当然のことです。

ですから私は、そういう老後の生き方を否定しようとは微塵も思いません。

ただしその一方で、自分の世界に閉じこもらず、世の中とのつながりを保つことも重要ではないでしょうか。いくら好きなことに没入できたとしても、世の中と隔絶されていたのでは寂しすぎます。

それに、たとえ会社を辞めたとしても、その仕事を通じて身につけた知識や経験のなかには、必ず世の中で役立てられるものがある。また、その力を貸して欲しいと思っている人も、どこかに必ずいます。

それを無視して自分の世界に引きこもっていたのでは、自分を活かすことになりません。何らかの形で社会と接し、人のために自分を役立ててこそ、リタイア後の人生は充実し、生き甲斐に満ちた日々を送ることができるのではないでしょうか。

あらためて『三屋清左衛門残日録』を読み直した私は、そういう思いをさらに強くしました。この小説には、隠居した清左衛門が爽やかに社会とつながって生きる姿が、実に見事に描かれています。

いちばん素晴らしいのは、清左衛門の尽力で多くの人が救われるだけでなく、清左衛門自身がそれを通じて人間的に成長していくところでしょう。

人の成長に終わりはありません。「昏ルルニ未ダ遠シ」どころか、私たちは何歳になっても、社会の人々とのつながりを通して多くのことを学び、自分自身を高めていけるのです。

また、清左衛門の生き方が実にすがすがしく感じられるのは、彼がとても謙虚な人物で、その行動の端々に「お陰さまで」という感謝の気持ちがうかがえるからでしょう。自分が穏やかな老後を送ることができるのは、多くの人々に助けられ、支えられてきたお陰だ……彼は常に、そういう思いを抱いて暮らしていたに違いありません。

だからこそ、厄介な相談事が持ち込まれてもそれを引き受け、自分にできることを精一杯にやる。それはいわば、これまで自分を活かしてくれた世の中に対する恩返しのようなものかもしれません。

私も、アサヒビールの第一線を退いた後、世の中のお役に立てることで、私にできることがあるのなら、何でもやっていきたいと思いました。それが自分を活かす道であり、世間に恩返しをする一番の方法だからです。

そう心に決めてから、およそ三年が経ちました。

清左衛門の隠居部屋と同じように、京橋にある私のオフィスには、毎日たくさんの方々が相談事や頼み事を抱えて訪れてくださいます。

それ以前から継続している政府関係の仕事やニュービジネス方面の仕事もありますが、一九九九年以降は、たとえば新国立劇場の理事長職（現在は、顧問）のような芸術・文化関係のお話も増えました。

休みなしに多くの人に会い、さまざまな会合に顔を出している私を見て、「お疲れになりませんか」と気遣ってくださる方もいますが、「残日」を輝かせたいと思っている私にとって、こんなにありがたいことはありません。もし来客が一人もなく、社会との接点を失ってしまったら、かえって私は病気になってしまうでしょう。

本書は、そんな慌ただしい日々のなかで考えたこと、感じたことをまとめた、私流の「残日録」です。

すでに仕事をリタイアした人、もうすぐリタイアする人はもちろん、現役でバリバリ仕事をしている若い人たちにも、「この一瞬」を大事にしてアグレッシブに生きる楽しさを感じていただければ幸いです。

第1章

誰もやらない、だからやる！

出しゃばらず、しかし引きこもらず――

私が、藤沢周平さんの描いた三屋清左衛門という人物に惹かれ、その生き方に学ぼうと思う一番の理由は、隠居生活に入った彼が、出処進退に関する明確な原則をもち、それによって自らをしっかりと律していることです。

彼はいろいろなところに首を突っ込みますが、何をするにしても、自発的にアクションを起こすわけではありません。腰を上げるのは、人から何かを頼まれたとき、人が問題をもち込んできたときだけ。その原則を貫いているからこそ、清左衛門の生き方はすがすがしく感じられるのでしょう。

現役を引退した人のなかには、「まだまだ若い者には負けない」とばかりに、自分からあちこちに顔を出して、頼まれてもいない問題に手や口を出す人もいます。名誉欲や功名心も手伝って、立派な肩書きやポストを欲しがる人もいないわけではありません。

もちろん、そういう人は自分の積み重ねてきた知識や経験に自信があるからこそ、自ら積極的に出ていくのかもしれません。自信があるだけに、若い人のやっていることを黙って見ていることができず、つい手助けしたくなる人も多いと思います。

その気持ちはわからないわけではありませんし、実際、そのお陰で若い人たちが正しい方向に進むようになることもあるでしょう。しかしその一方で、「頼んでもいないのに出てくるなんて、お節介だな」と煙たがられることもある。現実には、むしろそういうケースのほうが多いと思います。

自分が責任をもって仕事をしているときに、リタイアした先輩から「ああせい、こうせい」と指図を受ければ、誰だっていい気持ちはしません。「何を今さら」と反発するのが自然な感情というものです。

それに、本人は「まだまだ第一線でやれる」と思っていても、周囲の人々がそう思っているとは限りません。

人間、自分が老け込んだことを認めたくない気持ちがどこかにありますから、自分自身に対するイメージと他人の自分に対するイメージには、多少なりともギャップがあるものです。したがって、自分が思っている以上に、知力も体力も衰えている可能性があります。それを自覚していない人の「自信」は、「過信」にすぎません。

自分の能力を過信した年寄りが、頼みもしない問題にしゃしゃり出てくれば、みんなの役に立つどころか、かえって迷惑をかける結果になってしまいます。それを世間ではしばしば、「老害」と呼んだりするわけです。

そんなふうに言われたのでは、それまで世間から受けた恩を仇で返すことになってしまい、「残日の輝き」どころではありません。世の中に害を与えるぐらいなら、早いところ沈んでしまったほうがマシだとさえ思います。

とはいえ、「迷惑をかけないように」と自分の世界に閉じこもって社会とのつながりを断てば、活き活きと暮らすことができないし、恩返しをすることもできない。使える能力を使わないのは、社会にとっても本人にとっても大きな損失です。

そこで、社会とのつながりを保ちつつ、「老害」をまき散らさないように生きようと思ったら、やはり清左衛門のような原則にしたがって行動するべきだと思います。

自分からは出しゃばらず、頼まれた仕事だけ引き受けるわけです。

頼み事や問題をもち込んできた以上、相手はこちらの能力をアテにしているのですから、そこに首を突っ込んでも煙たがられることはありません。それに、こちらから「こんな仕事ができます」と売り込んでいるわけではないのに、わざわざ頼みに来るということは、よほど困っているに違いない。そういう相手に力を貸し、少しでもお役に立てるよう努力するのは、長く生きている者にとって当然の責務ではないでしょうか。

「どうして私に？」と思うことも――

当時、私はいくつもの役職を務めていましたが、自分から手を挙げて「これをやらせてくれ」と求めた仕事は一つもありません。

すべて、いろいろな方に頼まれて引き受けたものです。

「私のような者で何かお役に立てることがあるなら、お手伝いしましょう」という姿勢で、あちらこちらの依頼を引き受けているうちに、気づいたらずいぶん多くの肩書きを背負うことになっていました。

そう言うと、よく考えもしないでホイホイと気軽に引き受けているように思われるかもしれませんが、いったん首を突っ込んだからには、その仕事に全力で取り組んで、良い結果を出そうと思っています。

もし、一生懸命にやっても私の力不足でうまくいかなければ、そのときはすぐに手を引くつもりです。できもしない仕事にいつまでもしがみついていたのでは、それこそ「老害」をまき散らすことになってしまうでしょう。

頼まれる仕事のジャンルはバラバラで、あまり脈絡がありません。

「なるほど、私のところにくるのも、もっともだ」と思えるものもあれば、「どうして私に?」と、いささか戸惑うものもあります。

たとえば、これはアサヒビールの会長を退く前に引き受けた仕事ですが、小渕首相時代に頼まれた経済戦略会議の議長などは、元バンカーの私にお鉢が回ってくるのも不思議ではないといえます。

任務の重さを考えれば、「なぜ私ごときに?」と思わざるを得ませんが、それを別にすれば、不良債権処理をはじめとする金融問題が大きな柱の一つだったこともあるので、私の名前が挙がるのもわからないわけではありません。

一方、どうして私に話がきたのか、未だによくわからないものもあります。

その一つが、新国立劇場の理事長職。

新国立劇場というのは、オペラ、バレエ、現代舞踊、演劇などの舞台芸術を上演するために造られた劇場です。オープンしたのは一九九七年二月で、私が理事長就任を依頼されたのは、その二年後でした。アサヒビールの会長職を退いて、まだ間もない頃のことです。

頼みにいらしたのは、文化庁長官でした。とくに事前の根回しがあったわけでもなく、ある日突然、という感じの訪問だったと記憶しています。いきなり、「理事長をやってくれませんか」と言われて、正直なところ私はかなりうろたえました。

なぜ私に頼むのか？　その理由がさっぱり思い当たらなかったからです。

もっとも、私がオペラとまったく無縁な人間だというわけではありません。昔からオペラが好きで、そのことをあちこちで書いたり喋ったりしていました。

オペラハウスにも興味があり、たとえばアマゾン川中流のマナウスという町に百年以上前に建てられた「アマゾナス劇場」を見に行ったこともあります。ジャングルに囲まれたアマゾン奥地に建てられた劇場は、イタリア産の大理石をふんだんに使った、実に立派なものでした。それが建てられた当時、マナウスの人口はせいぜい一〇万人程度。そんな小さな町が、あれだけ本格的なオペラハウスを建てたという事実に、私は感銘を受けました。

当時のマナウスは天然ゴムの産地として大いに栄え、その経済的な豊かさを背景にして、人々は後世に残る文化施設を造ったのです。彼らが、いかに文化を大事にしていたかがわかるというものでしょう。

そんなわけで、オペラ劇場に対する憧れは以前から抱いていた私ですが、だからといって劇場の理事長が務まるかというと、それはまた別の話。オペラは単なる私の趣味であって、そういう世界にビジネスで関わったことなどありません。

オペラが好きだからといって、それだけで劇場の経営ができるほど甘い世界ではないと思います。

ですから私は、「私でなくても、ほかに適任の方がいらっしゃるのではないですか？」と訊ねました。すると向こうは、「いや、役人ではない方にお願いしたい」と言います。

役人以外から選ぶにしても、人材はいくらでもいるだろうと思いましたが、話を聞いてみると、それまでは文部省（現・文部科学省）のスタッフを中心にやってきたけれど、赤字が増えてどうにもならないとのこと。それで民間の血を導入したいということだろうと思い、「私でよろしければ」と引き受けることにしました。

難しい仕事ほどやり甲斐がある――

とはいえ、「オペラが好きだから」などという理由で安請け合いしたわけではありません。当時の新国立劇場は、趣味の延長で呑気に関われるような状態ではありませんでした。赤字がかさんでいるうえに、建物の構造にもいろいろ問題があって、お客さまからの苦情も後を絶たなかったようです。それ以前に、この劇場は立地の点でもハンディを抱えてスタートしていました。

当初は代々木公園のなかに建てられる予定だったのですが、いろいろ問題があってそれが流れ、現在の渋谷区本町に建てられたのです。

地方にお住まいの方は「渋谷なら繁華街だから申し分ないじゃないか」と思われるかもしれませんが、住所は「渋谷区」でも、新国立劇場は渋谷の駅前にあるわけではありません。最寄り駅は、新宿から電車で五分のところにある京王新線の初台です。基本的には住宅地で、少なくとも劇場ができるまでは人が多く集まるような街ではありませんでした。

ハンディはそれだけではありません。立地条件が厳しいうえに、新国立劇場の客席数は、もっとも大きいオペラ用のホールでも一八〇〇席ぐらいしかないのです。

通常、どの国を見ても、オペラハウスというのは最低でも四〇〇〇席ぐらいあります。その半分にも満たない新国立劇場は、いかにも小さすぎる。音響などの点では各国の劇場に引けを取らない最高のものができましたが、採算の点では、世界でも例を見ないほど難しい劇場を造ってしまったのです。

そういう劇場で、日本人にはまだ馴染みの薄いオペラやバレエを上演するというのです。ショービジネスに携わったことのない人でも、それが商売として容易でないことは、十分に想像がつくと思います。

私自身、それを百も承知でこの仕事を引き受けました。だから、決して軽い気持ちで首をタテに振ったわけではありません。苦労するのは目に見えていましたから……。

しかし、そういう難しい仕事だからこそ、意欲をかき立てられたのも事実。誰でも簡単に成功するような仕事では、やっても面白くありません。難しい仕事だからこそ、やり遂げたときの達成感や喜びも大きくなるというものです。

前にも述べたとおり、私の場合、銀行からアサヒビールに移ったときも、そういう心境でした。

周囲の人から「難しいから、やめておけ」と忠告されるぐらいの仕事のほうが、やり甲斐があります。それに、誰もが「うまくいくわけがない」と思っている仕事なら、ちょっとした成功でも「よくやった」と言われるわけですから、ある意味では気が楽です。

気が楽というと語弊がありますが、要するに物事は考えようだということ。余計なプレッシャーを受けないようにするには、何事もポジティブに考えることが必要です。

たとえばプロ野球でも、優勝候補ナンバーワンのチームを任された監督より、万年最下位のチームを任された監督のほうが、プレッシャーを感じずにのびのびと手腕を発揮できるのではないでしょうか。

優勝候補が二位で終われば叩かれますが、弱小チームの場合はBクラスからAクラスに引き上げただけで「成功」と言われるわけです。

しかしそうはいっても、悪い状況に直面すれば、誰しも考え方がネガティブになりがちなもの。そこで、ポジティブな気持ちを保つために、私がしばしば思い浮かべる言葉をご紹介しておこうと思います。

それは、「病める貝にのみ真珠は宿る」というものです。

美しい真珠は、健康な貝にはできません。まずアコヤ貝の中に小石などの異物が入り、それを除去できないアコヤ貝が、苦し紛れに異物を外套膜で包み込むことによってできるのが、真珠です。貝にとっては、「病」への対抗手段だといえるかもしれません。

その結果、あの美しい真珠ができるのです。

異物の侵入というネガティブな状況があるからこそ、真珠の美しさというポジティブな価値が生まれるわけです。これは、事業をはじめとする人間の活動にも当てはまるのではないでしょうか。

たとえばアサヒビールという会社も、業績の悪化という「病」があったからこそ、それを克服するエネルギーが生まれ、大胆な発想や知恵も出てきました。立ち向かうべき課題や問題がなければ、物事は向上しません。

だから、私が日頃から口にしているように、「逆境こそチャンス」になるのです。

私が理事長に就任したときの新国立劇場も、まさに逆境の真っただ中にありました。貝殻の形をしたオペラハウスといえばシドニーが世界的に有名ですが、日本のオペラハウスも「病める貝」だったわけです。

詳しくは別の章で述べますが、その「病める貝」も、当時、さまざまな改革を施し、さらに多くの方々のご助力をいただいたお陰で、少しずつ状況が好転しました。

まだまだ私の理想には程遠く、「真珠」にはなっていませんが、入場者数は飛躍的に増え、お客さまからの苦情も減っています。最初に頼まれたときはいささか戸惑った私ですが、少しでもお役に立てたことで、この仕事をお引き受けして良かったと思っています。

ほかに手を挙げる人がいるものはやらない――

そんな具合に、自分からは何も求めず、頼まれた仕事だけ一生懸命にやらせていただいているわけですが、それでは頼まれた仕事を片っ端から何でもかんでも引き受けているかというと、決してそんなことはありません。

時間、体力、能力には限界がありますから、当然、お断りするものもあります。

では、どういう仕事を引き受け、どういう仕事からは手を引くのか。

それを決めるうえで、私がもう一つの原則として貫いているのは、「ほかに手を挙げる人がいるものはやらない」というものです。

当たり前のことですが、私のところに話がきたからといって、その仕事に私がもっとも適任だとは限りません。私以外にも、それに興味や意欲をもっている人がいるかもしれないのです。その場合は、私のような者が出しゃばる必要もないことだと思っています。ほかに適任者がいるのに「私がやります」と名乗り出たのでは、自発的にアクションを起こしたのと大して変わりがありません。

ですから新国立劇場の話がきたときにも、最初に「ほかに適任者がいるのでは？」と訊ねたのです。もし民間の財界人などのなかに、理事長職を引き受ける方がいらっしゃれば、私は喜んで辞退したと思います。

実際、最初は関わっていた仕事から、途中で身を引いたケースもあります。

たとえば、二〇〇二年に日本と韓国で開催された、サッカーのワールドカップ。

私は、日本サッカー協会から頼まれて、その招致運動に関わっていました。日本と韓国の間で熾烈な招致合戦が繰り広げられたのは、みなさんご承知のとおりです。

結局、ＦＩＦＡは日韓共催という決定を下したわけですが、私はその後、招致運動に関わっていた流れから、日本側の実行委員会（ＪＡＷＯＣ）の委員長を務める予定でした。

しかし、ワールドカップといえばオリンピックをも凌ぐといわれる世界最大のスポーツイベントですから、日本国内でのサッカー人気はたいへん高まります。

人気が高まれば、黙っていてもお金や人がそこに集まってきます。「手を挙げる人」はいくらでもいるわけです。すると、私が出しゃばる必要もありません。

しかも、ワールドカップ招致が決まる前後から、キリンビールが積極的にサッカーにお金を出すようになりました。日本代表チームの公式スポンサーになり、「キリンカップ」のような冠大会も主催するようになったのです。

そうなると、ライバル会社の人間がサッカーの世界で大きな顔をしているのも塩梅が悪い。かといって、せっかくキリンビールが手を挙げて一生懸命にやっているのに、アサヒビールがしゃしゃり出てスポンサーになるというのは、私の「原則」に反します。

そこで、私はワールドカップ関係の仕事から身を引いて、東京電力会長（当時）の那須翔さんにJAWOCの委員長をやっていただくようお願いしました。

ただし、サッカーとまったく無縁になったわけではありません。あまり知られていませんが、ワールドカップが終わった後に、知的障害者によるサッカーの世界大会が開催されました。こちらのほうでは、私も引き続き仕事をさせていただくことにしました。

結局のところ、私は「順境」よりも「逆境」を求めたがる性格なのかもしれません。ワールドカップを成功させるのは決して簡単な仕事ではありませんが、その人気の高さを考えれば、やはり「順境」だといえるでしょう。

それに対して、知的障害者の大会は世間の注目度も低く、したがってお金や人も集まりにくくい「逆境」です。

また、同じ「フットボール」でも、私は以前からアメリカンフットボールに肩入れしてきました。

大学のチームに資金援助をすることから始まって、アサヒビールグループでクラブを二つも作り、さらに日本アメリカンフットボール協会のコミッショナーも務めさせていただきました。

本場アメリカでは、野球やバスケットボールと並ぶ超人気スポーツですが、日本ではまだまだマイナーな競技で、少なくとも「順境」にあるとはいえません。すっかりメジャー・スポーツとして定着したサッカーに比べれば、明らかに「逆境」といえます。

したがって、人もお金も集まりません。だから、引き受けるのです。

もちろん、アメリカンフットボールというスポーツそのものが好きだということもありますが、これがアメリカのような人気スポーツだったら、きっと私は手を引いていたかもしれません。

誰も手を挙げない仕事を拾っていれば、それは多くの場合、「逆境」になります。その逆境こそ自分を活かすチャンスだと思っているのですから、私はほかの人が手を出さない仕事ほど興味が湧き、意欲をかき立てられるわけです。

自分の出番を感じるとき――

都知事の石原慎太郎さんから要請されて委員になった「東京の問題を考える懇談会」でも、この「誰もやらないものをやる」という原則にしたがって、ある選択をしました。

この懇談会は、さまざまな外郭団体の活性化や見直しをはじめとして、東京都が抱えている諸問題について広く話し合おうというもの。

深刻な問題がいろいろあるのですが、そのなかでも、とりわけバブル期に数多く計画された文化施設はなかなか運営がうまくいかず、都の財政にとって大きなお荷物になっています。

これを、どうするか。すでに造ってしまった以上は、そう簡単に潰すわけにもいきません。したがって何らかの形でテコ入れして経営を立て直す必要があるのですが、そのためには、ただ会議室に集まって「懇談」しているだけでは始まりません。

誰かがその現場に降りていって、直接リーダーシップを発揮しなければならないわけです。いくつかある文化施設のうち、石原知事が最初に、「樋口さん、これを何とかしてもらえないだろうか」と依頼してこられたのは、東京都写真美術館でした。

一九九五年に、わが国初の写真と映像に関する総合的な専門美術館としてオープンした施設です。当初は徳間書店の徳間康快社長がタッチしておられたのですが、不幸にも彼が亡くなってしまったことで、経営が暗礁に乗り上げたような格好になっていました。

石原さんは「どうにもならない」とおっしゃっていましたし、たしかに経営状態は良くなかったものの、私が見たところ、さほどひどい「逆境」とは思えませんでした。

というのも、何より立地条件がいい。この写真美術館は、若者からビジネスマンまで多くの人が集まる、恵比寿ガーデンプレイスのなかにあるのです。少し工夫すれば、入館者を増やすのにそれほど苦労はしないと思いました。

それに、恵比寿といえばサッポロビールと因縁浅からぬ場所です。実際、写真美術館の土地にも、サッポロビールが若干の便宜供与をしていました。そこにアサヒビールの私が乗り出したとなれば、思わぬところでギクシャクしたことにならないとも限りません。

そんなこともあって、どうしたものかと思案していたところに、「私がやりましょう」と手を挙げてくださる方が現れました。資生堂の福原義春さんと、森ビルの森稔さんです。

福原さんは、お祖父さまのご兄弟に写真家として有名な方がおられますし、森さんはご自分で美術館をやっておられる方。どちらも適任で、彼らが引き受けてくださるなら、私ごときが出しゃばる必要はありません。「渡りに船」とはこのことです。

こうして写真美術館は一件落着しましたが、問題のある文化施設はそれだけではありません。

次に石原知事が私に「やってください」ともちかけてこられたのは、写真美術館とは比べものにならないぐらいに状況の悪いものでした。

写真美術館と同じく一九九五年にオープンした、東京都現代美術館です。

こちらは写真美術館とは逆に、何よりもまず立地条件が悪いのです。この美術館が建っている木場というのは、フリーに人が集まるような土地ではありません。そして、駅からの便が極端に悪いのです。新国立劇場も立地には難がありましたが、現代美術館はその比ではありません。

新国立劇場は、京王新線の初台駅から外に出ずに入場することができますが、当時の現代美術館はどの最寄り駅からも歩いて一五分ぐらいかかってしまいます。しかも当時は、各駅から美術館へ向かうバスも何もありませんでした。

そんなところにモダンアートを見せる美術館を建てて、人が来ると考えるほうがどうかしています。広報活動も不十分で、そもそもそこに美術館があることすら、ほとんどの都民が知らなかったのではないでしょうか。

では、どうしてそんな場所に美術館を建ててしまったかといいますと、もともとの発端は都庁の移転問題でした。丸の内にあった庁舎を新宿に移すことになったさい、都東地区の住民が「都庁が遠くなって不便だ」と不満を抱いたため、その埋め合わせをするために、木場に美術館を建てることにしたとのことです。

理由にならない理由としか言いようがありません。どうして美術館が都庁の埋め合わせになるのか、誰だって理解に苦しむところでしょう。

おそらく、いろいろな利害を調整しているうちに、「木場に美術館」という話で落ち着いたのだと思います。美術館自体の経営にとって、その場所がいいかどうかということは、二の次三の次だったに違いありません。

そんな美術館ですから、誰も館長になりたがりません。実際、私が知事からその話をいただいたとき、現代美術館は一年数カ月もの間、館長も副館長も不在のまま運営されていました。いるのは、一七名の学芸委員だけ。

リーダーのいない美術館が、陸の孤島のような場所で絵を飾っていたのでは、うまくいくわけがありません。

そういう現状を知った私は、これこそ自分の出番だと思い、「よし、やりましょう」と館長を引き受けることにしました。

ふつうは頭を抱えて逃げ出したくなるところでしょうが、そういう仕事ほど私はファイトが湧くのです。

館長に就任して以来、私はこちらの美術館でも、多くの方のアドバイスをいただきながら、さまざまな改革に取り組んできました。詳しくは後ほどお話ししますが、成果は徐々に上がったように思います。

右からも左からも叩かれる難しい立場でも国のために尽くしたい――

話は前後しますが、今から振り返れば、私が最初にお引き受けした政府関係の公職も、誰もやりたがらない難しいポジションでした。一九九四年の二月、当時の細川首相の私的諮問機関として発足した、防衛問題懇談会の座長という役職です。

いわゆる冷戦構造が終わりを告げたことで、当時の日本は、防衛に関して新たな方向性を定める必要に迫られていました。それまで防衛力のあり方の指針となっていた「防衛計画の大綱」を見直し、それに代わる指針の骨格となる考え方を提案するのが、この懇談会の目的です。

メンバーの一人に選ばれた私は、当初、まさか自分が座長をやるとは思っていませんでした。なにしろ最初のミーティングに顔を出すまで、細川首相にお会いしたこともなかったのです。ところが、名刺を差し出して初対面の挨拶をした私に向かって、細川首相はいきなり思いがけないことを言いました。

「ほかの方にお願いしたのですが、どなたも引き受けてくださらないので、あなた、座長をやってくれませんか」

これには面食らいましたが、この懇談会の性質からいって、誰も座長を引き受けたがらないのも無理はない、と感じたのも正直なところです。

なぜなら、まず第一に、そのときは一個師団に相当する四万人の陸上兵力を削減するという案が出ていました。これには右翼陣営が文句を言います。

その一方、ミサイル防衛のために正面装備を充実させ、イージス艦や空中給油機を配備するという案も出ていました。こちらは逆に、左翼陣営が反発します。

座長が個人で勝手に決めることではないとはいえ、懇談会のリーダーとして、右からも左からも叩かれる恐れがあるのですから、決して得な立場とはいえません。

しかも、OBを含めた防衛庁（現・防衛省）関係者は座長を務めるわけにいかない。また、防衛産業に関わっている人間も不可。そうなると、座長を務められるメンバーは自然と絞られてきます。細川首相としても、ビール屋の私に頼む以外になかったのかもしれません。

私としても、当時はまだアサヒビールの第一線で仕事をしていましたが、それとは別のところで国のために力を尽くしたいと思っていました。

国にとって、防衛問題はやはり重要です。専門的な知識はないものの、私もかねてから朝鮮半島情勢をはじめとする国際環境に危機意識を抱いていました。

そこで、「誰かがやらなければいけない問題なのだから」と、懇談会の座長を引き受けることにしたのです。

その後、私たちは一九九四年の二月から八月まで二〇回の会合をもちました。ちょうど政局が混乱していた頃で、その半年の間に総理大臣が細川さん、羽田さん、村山さんと次々に交代するという慌ただしさでしたが、各メンバーの努力のお陰で、おおむね納得のいく成果が出せたと自分では思っています。

なぜか最後にお鉢が回ってくる――

この防衛問題懇談会に限らず、どうも私という人間は、誰もやり手がいなくて困り果てた挙げ句に、座長や議長といった仕事を頼まれることが多いようです。

あまりイヤな顔をせずに引き受けるので、頼みやすいのかもしれませんが、とにかく、どういうわけか最後にお鉢が回ってくることが多いのです。

防衛問題懇談会と同様、やはり首相の諮問機関だった経済戦略会議のときもそうでした。一九九八年一〇月から翌年の二月まで活動したこの会議は、当時の小渕首相が呼びかけて開かれたものです。

細川さんと違って、私は小渕さんとまったく面識がなかったわけではありません。とはいえ、それほど深い関係があったわけではなく、つきあいは三年程度。それも、政治や経済に関する深刻な話をする間柄ではありませんでした。

最初にお目にかかった場所は、音楽会。次にお会いしたのは絵の展覧会です。お互いに仕事では縁のない、「同好の士」にすぎなかったといっていいでしょう。

その小渕さんから、ある日、電話がかかってきました。私がいたのは、オフィスでも自宅でもありません。ハワイです。

そのとき私は休暇を取って孫たちとのんびり過ごしている最中でした。そんなときに総理大臣から電話をいただいたのですから、虚をつかれてびっくりしたことは言うまでもありません。しかし実を言うと、そのときの用件は、経済戦略会議のお話ではありませんでした。組閣にあたって、私に経済企画庁長官をやってもらいたい、と言うのです。

せっかくのお話ですが、私は即座にお断りしました。

経済企画庁（当時）であれ何であれ、大臣のポストというのは、いつの時代も多くの人が欲しがるものです。当選回数を重ねた議員たちが、いつ自分に順番が回ってくるかと行列を作って待っています。

当然、「誰も手を挙げない」などということはあり得ないわけで、それを引き受けたのでは私の行動原理に反します。

しかし小渕さんも簡単には諦めず、その後も何度か電話で打診を受けました。おそらく、そのポストにはどうしても民間人を起用したかったのだと思います。

それでも私が固辞していると、やがて堺屋太一さんの名前が挙がってきました。ご本人も、経済企画庁の仕事に意欲をもっておられるようです。そこで私も、小渕さんに堺屋さんを推薦し、これについては一件落着しました。

ところが、もう連絡がくることはないだろうと思っていた矢先に、また小渕さんから電話がかかってきました。組閣は無事に終わったのに何だろうと思ったら、こんどは諮問機関の議長をやってくれという話。

それが経済戦略会議だったわけですが、私はこれも当初、「ほかに適任の方がいらっしゃるでしょうから」とお断りしていました。実際、私以外にも議長候補者は何人かいらっしゃったのです。

それで私としては「誰かがやるだろう」と思っていたのですが、やがて雲行きが変わってきました。経済戦略会議は、そもそも首相の私的諮問機関として計画されていたのですが、それが突如、行政組織法の「八条機関」として発足することになったのです。

私的諮問機関の場合は首相個人が抱える「ご意見番」のようなものですが、八条機関となれば、正式な行政組織としての役割をもつことになります。最後に意見をまとめて提出するときも、それは「提言」ではなく政府に対する「勧告」です。

私に言わせれば、私的諮問機関だろうが八条機関だろうが、やることに大差はないのですが、やはり後者のほうが責任が重いことはたしかです。そのため、議長を引き受ける人がいなくなってしまいました。

「樋口さん、このままだと、この会議は空中分解してしまいます」

小渕さんにそう言われた私は、結局、経済戦略会議の議長という大役をお引き受けすることにしました。大手金融機関の破綻や廃業が相次ぎ、日本経済の再生のために何らかの手を打たなければならない時期のことです。その戦略を考える会議の必要性は、私も痛いほど感じていましたから、この話を頓挫させるわけにはいきません。

そうやってスタートした経済戦略会議は、半年間にわたって、たいへん熱のこもった実のある議論を行いました。それを支えたのは、各メンバーの熱意はもちろんですが、やはり小渕首相の真摯な姿勢だったといえると思います。

こうした諮問機関の会議に、最初から最後まで一度の遅刻も早退もなしにすべて出席した総理大臣は、私の知る限り小渕さん以外に一人もいません。議長の私は、その意気込みに押されて仕事をしたようなものです。

答申を提出した後、その内容を現実のものにすべく奮闘しておられた小渕さんが、志半ばで病に倒れられたことが残念でなりません。

とくに、私たちの答申を貫く根本思想ともいえる「健全で創造的な競争社会の構築」という考え方は、かなり広く受け入れていただいたのではないでしょうか。

努力した人、がんばった人がきちんと報われる社会システムを築かなければ、この国の経済が活性化することはありません。この理念は、私も今後、さまざまな仕事を通じて実現していきたいと考えています。

邪魔な重しを取り除くことが社会への恩返し——

ともあれ、仮に私が「逆境こそチャンス」「誰もやりたがらない難しい仕事ほどやり甲斐がある」という信念をもっていなかったとしても、最後の最後に「もう、あなたにやってもらうしかないんです」と頼まれれば、なかなか無下には断りにくいものです。

おまけに私の場合、何か困っている人を見ると、どうも放っておけなくなる。これはもう、性分としか言いようがありません。

たとえば海外旅行をしても、行く先々で人々が困っている様子を知ると、何かしてあげないと気が済まなくなってしまいます。

何年か前にも、ブラジル旅行をした後で、アマゾンの原生林を保護するためのお金を寄付したことがありました。実際にこの目で現地の状態を見ると、そういう気持ちになるものです。子どもや孫を引き連れて北極のほうへ行ったときには、そこで見たオーロラの美しさに感動して、オーロラ観測に役立ててもらうための寄付をしました。

そうやって何かを残して帰ってくると、上っ面をなぞるだけの観光旅行ではない、意義のある旅ができたような気がするのです。

もしかすると、こういう性分は、銀行員時代に培われたものかもしれません。

私は銀行で初めて「上司」と呼ばれる立場になったときから、部下との接し方について一つのことを肝に銘じていました。

それは、「上司と部下は職務上の立場が違うだけであって、能力の点で部下が上司より劣っているわけではない」というものです。事実、私の部下となったメンバーは、みんな私より何倍も優秀でした。

ならば上司の役目とは、部下がその能力を十分に発揮できるよう手助けすることのはずです。尻を叩いてやる気を出させたり、手取り足取りして仕事を教える必要はありません。これも私の持論の一つですが、人間はみんな熱気球のようなもので、自ら高いところを目指す向上心をもっているからです。

したがって上司は、部下が上昇しようとするのを邪魔している「重し」を取ってやればいいのです。具体的には、部下の悩み事や心配事に耳を貸して相談にのり、それが解消されるよう手を貸してやることです。

だから私は、部下に向かって「何か困っていることはないか」と聞いて回るのが常でした。私が困っている人を放っておけないのは、そのときの癖が、未だに身について離れないせいかもしれません。

人間が熱気球のようなものであるならば、人間の作る社会そのものも、やはり熱気球のようなものだろうと私は思います。

いろいろな「重し」を外してやれば、自然に空高く舞い上がろうとする。その「重し」を少しずつ取り除いてやるのが、第一線を退いた私のような人間の役目であり、社会に対する恩返しになるのではないでしょうか。

志の高いアイデアをもった若者をサポートしたい――

とくに若い世代の人々は、いつの時代も、いろいろな「困ったこと」を抱えて飛び立てずにいることが多いものです。

旺盛なエネルギーをもち、素晴らしいアイデアももっているのに、それをどう活かせばいいのかわからない。そのために行動を起こすことができず、立ち往生している人もいるかもしれません。

若いがゆえに人脈も少なく、どこに行けば自分を活かすことができるのかわからないのです。また、経験が浅いために自分の考えていることをうまく表現できず、思わぬ誤解を招いて周囲に受け入れてもらえない人も少なくありません。

これは本人のみならず、社会にとっても大きな損失です。次々に現れる若い才能というのは、社会という熱気球を浮上させる原動力のようなもの。そのエネルギーを活かさなければ、社会の発展はありません。若者の「重し」を外してやることは、社会全体の「重し」を外すことにもつながるわけです。

だから私は、新しいアイデアをもった若い人々のことを、できる限りサポートしたいと思っています。自分自身、若い頃は多くの先輩たちの手助けを受け、そのお陰で今日があるわけですから、その恩は次の世代に返してあげるのが当然だと思います。

たとえば、かつて日本ナスダック協会の創設に関わり会長職を引き受けたときも、その根底にはそういう思いがありました。

ナスダック・ジャパン（現在、大証ヘラクレスを経て新ジャスダック）は、当時インターネット業界の革命児として知られていた孫正義さんがリーダーとなって開設しようとした新しい資本市場です。アメリカでは、このナスダックがハイテク・ベンチャー企業の登竜門のような役割を果たし、経済全体を活気づけました。

孫さんは、これを日本にもち込もうとしたわけです。

これまでの日本は、お金や組織をもたない無名の人間が事業を起こすことが、きわめて難しい構造になっていました。つまり、アイデアをもった若い人々が夢をもち、それを実現するのが困難な世の中だったのです。

しかし、ナスダックのような資本市場ができれば、アメリカで成功した多くのベンチャー企業がそうだったように、無名の学生でもアイデアさえあれば事業を始めることができる。私は孫さんのプランに、日本経済の未来を切り開くだけのパワーを感じました。

ただ、このプランを孫さん一人の力で実現するのは容易ではありません。立派な経済人として地位を確立している彼に対して、こういう言い方は失礼かもしれませんが、当時の孫さんはやはりまだ若い。そのため、日本の証券金融を大きく変えるような行動を起こせば、さまざまな方面からの風当たりが強くなることも考えられました。

それを和らげ、素晴らしいアイデアをできるだけスムーズに形にするには、誰かがサポートしなければいけません。

そこで私は、ナスダック・ジャパンの創設に一役買うことにしました。孫さんという若い世代のリーダーのアイデアを活かすだけでなく、それによって、さらに多くの若者が高く羽ばたくチャンスを得られるようになるのですから、たいへんやり甲斐のある意義深い仕事だと思ったわけです。

この動きは別の意味でも大きな波及効果を生みました。

ナスダック・ジャパンの創設が発表されると、すぐに東京証券取引所が東証マザーズを作り上げ、ナスダック・ジャパンが発足する前にそれを稼働させたのです。それまで東証は、上場基準の緩和に消極的だと言われていましたが、ナスダック・ジャパンの参入が刺激となって、その姿勢は一八〇度変わりました。その機敏な対応は、実に見事だったと思います。

こうしてナスダック・ジャパンに強力なライバルが出現したわけですが、これも世の中にとって歓迎すべきものであったことは言うまでもありません。

何事も競争がなければ質は高まりませんし、若い起業家にとってはより一層チャンスが広がったことになるからです。

ちなみに私は、日本ナスダック協会の会長を務めるかたわら、ライバルである東証のアドバイザーもやっていました。ナスダック・ジャパンの仕事を引き受けるさい、東証のほうは辞任を申し出ましたが、当時の理事長の山口光秀さんはこう言って私を引き留めました。

「東証とナスダック・ジャパンの両方を見て、悪いところを直し、良いところを伸ばせばいいじゃないですか。それが樋口さんの役目ですから、東証のアドバイザーを辞めていただく必要はありませんよ」

この言葉は、私にとってたいへん嬉しいものでした。というのも私は日頃から、今の日本には「ウィズアップの精神」が必要だと考えていたからです。

健全な競争社会とは、ライバルを蹴落として自分だけが這い上がっていくようなものではありません。お互いに足を引っ張り合っていたのでは、結局は共倒れになってしまいます。むしろ競争相手とともに、お互いを切磋琢磨しながら成長していくべきです。

それが私の言う「ウィズアップの精神」であり、山口理事長の言葉はそれにぴったり当てはまるものでした。

そういう期待を受けた以上は、ナスダックと東証がともに熱気球のように高く飛び、それがさらに日本経済をぐんぐん引っ張るよう、一生懸命に「重し」を取り除く作業に取り組みたいと思いました。現在、そのシーズ（種子）がさまざまに形を変え、日本経済のエンジンの一つとして発展してきたのではないでしょうか。

世のため人のために役立つことが自分の喜び――

最初に述べたとおり、私は人から頼まれた仕事しかやりません。また、ほかに手を挙げる人のある仕事もやりません。決して消極的な態度でそうしているわけではなく、その原則を貫くことが、自分という人間を活かす最良の道だと思っているからです。

人から頼まれた仕事ばかりでは、自分のやりたいことができなくて面白くないのではないか、と思う人もいるかもしれません。でも、まったくそんなことはありません。

常に新しい仕事にチャレンジするチャンスを与えてもらっているのですから、私にとってこんなに刺激的で面白いことはないのです。

そもそも、世のため人のために役立つことをしたい、これまで幸福に暮らしてきた恩返しをしたいと思うのは、なにも滅私奉公とか正義感とか、そんなに立派な精神から出てくるものではありません。結局は、それが自分にとって楽しいからやる。それだけです。

どんなに社会的な意義があるとわかっている仕事でも、やはり人間、自分自身が楽しめないことには、それに対する意欲も湧かないもの。その点、私はどんな仕事も楽しみながらやっています。何歳になっても社会とつながりをもち、若い人々と接していられるだけでも、私にとっては実にエキサイティングな毎日だといえるのです。

人がやりたがらない仕事ばかりやるので、「どうして、そんなに損な役回りばかり引き受けるんですか」と言う人もいないわけではありません。

たしかに、たとえば新国立劇場の理事長や東京都現代美術館の館長といった仕事は、世間的に見れば「損な役回り」ということになるのかもしれません。タッチしたときには成算も何もなく、成算がないからこそ誰も引き受けようとしないわけです。

しかし私は、それが「損な役回り」だと思ったことが一度もありません。

建前でも強がりでもなく、心の底から、むしろ「こんなに恵まれた立場はない」と思っています。

七〇歳を過ぎても、これほど数多く、チャレンジ精神をかき立てられる仕事を与えていただけるというのは、とても幸せなことです。

もし、放っておいてもうまくいく「ぬるま湯」のような仕事ばかりだったら、私はそちらのほうが「損」だと感じることでしょう。

まだまだ昏れることのない「残日」をエネルギッシュに燃やすことができなければ、それが人生にとって最大の損失だと思うのです。

第2章

現場を見ずに行動ができるか！

提言だけで終わりでは意味がない――

本書ではここまで、「逆境こそ自分を活かすチャンスだ」ということを何度も申し上げてきました。逆境とは、つまり、人や組織などが何か問題を抱えていて、それを解決しなければ前に進めないような状況のことです。

その場合、問題の解決策を言葉にしただけでは、何も状況は変わりません。口先で意見を言うだけでなく、具体的な行動を起こして、その解決策を現実のものにしたとき、はじめて私たちは逆境を克服したことになります。

これは実に当たり前のことですが、その当たり前のことをしない人がいるのも事実。世の中には、意見を口にしただけで「自分の役目は終わった」という態度をとる人が少なくありません。

「かくあるべし」という理想論を述べ立てておいて、行動は起こさない。事態が好転しなくても、「自分の言ったとおりにやらないからだ」と平然としている。そういう人にとっては、現実に逆境が克服されるかどうかよりも、自分の意見が正しいかどうかのほうが大事なのかもしれません。

何事も、言うのは簡単ですが、やるのは大変です。でも、現実を変えるには、誰かが行動を起こさなければいけません。私自身、これまでご紹介してきたように、逆境を克服して現実を変える役目を負うことが多いので、いつもそのことを考えます。

たとえば、首相の諮問機関のような政府関係の仕事でも、ただ提言や答申を出して終わり、ということでは意味がありません。その提案が実現されなければ、本当に役目を果たしたとはいえないと思います。

ちなみに、前述した経済戦略会議では、最終報告のなかに二三四項目もの提言を盛り込みました。これだけの答申を、短い期間でよくまとめられたと自負してはいますが、会議の目的は「良い答申を出すこと」ではありません。

大事なのは、日本の未来のためにそれを実現すること。本当の仕事は、最終報告を提出したその日から始まっていたといえるでしょう。

すでに述べましたとおり、経済戦略会議は行政組織法の第八条に依拠して設立されました。このいわゆる「八条機関」は、政府に勧告する権限はもっていても、強制権はもっていません。同じ行政組織法の第三条に依拠した機関なら強制権が与えられるので、もっと速やかに提言が現実化するわけですが、八条機関ではそうもいかないわけです。

それに、私たちは当初から、この会議を役人任せにせず、民間主導で答申を出すと固く決心していました。そして実際、「官僚の作文」では絶対に書けない提言を作ることができたと思っています。しかし、そうであるがゆえに、霞ヶ関の抵抗も強い。それを突破して提言内容を実現するまでには、まだ時間がかかることと思います。

したがって、私はまだあの仕事が終わったとは思っていません。

言うのは簡単、やるのは大変――

総務省に設けられた「21世紀の市町村合併を考える国民協議会（略称・合併国民協議会）」（当時）の会長職も、経済戦略会議の延長線上にある仕事として引き受けました。

日本の改革のためには、地方分権の問題も避けて通れません。財政赤字は、国家財政だけの問題ではないからです。地方財政も、ある意味では国以上に危険な状態になっている。この当時、公的部門の赤字のうち、半分は地方自治体が抱えていました。

この財政問題に、当時の市町村では対処できません。規模も人口もさまざまな市町村が全国に三二三二もあったのでは、地方分権も財政再建もまず無理です。

だからこそ市町村合併が重要なテーマとなるわけで、経済戦略会議で議論したところ、市町村の数は現在の約一割、三〇〇程度が適切ではないかという結論が出ました。しかし、市町村の合併には大きな抵抗があるので、そこまで一挙に減らすのは現実的な目標になり得ません。江戸時代の水争い以来、未だに対立感情をもっている地方の町村が、そう簡単に合併を受け入れるはずがないのです。

そもそも市町村の数というのは、江戸時代には七万以上ありました。封建時代は、なるべく細かく区切って治めるほうが楽だったからです。それが明治維新後に一万七〇〇〇になり、大正、昭和の大改革を経て、現在の三二三二になった。その時点で、かなり合併が進んでいるわけです。

それを三〇〇まで減らすのは事実上不可能ということで、経済戦略会議では現実的な目標として「少なくとも一〇〇〇以下に減らす」という提言を行いました。

その目標を実現するために設立されたのが、「合併国民協議会」です。これも役人任せではなく、民間主導でやろうということで、経済界、マスコミ業界、地域のリーダーなどから、理念に賛同してくれる多くの人々の参画を募りました。

当初から予想はしていたものの、これはまさに「言うのは簡単、やるのは大変」な仕事。合併の話をもちかけても、ほとんどの市町村が鼻もひっかけません。

「市町村の合併が必要」という考え方には理解を示しても、いざ自分のところがその対象となると、とたんに嫌がる人も少なくないのです。総論賛成、各論反対、というやつです。これは、新しい提案を実行に移すとき、必ずや生じる壁といっていいでしょう。

意見だけ言って行動を起こさない人が多いのは、この壁をクリアするのが難しいからかもしれません。

また、音楽ホールや保養所などの施設を造ることを、合併の条件にするところもたくさんあります。たとえば音楽ホールは全国に一三〇〇以上ありますが、それ以外に申請が出ている計画が八〇〇以上あります。

その大半が、せいぜいカラオケ大会にしか使われていません。カラオケ大会はいいとしても、こうした施設が財政に負担をかけているわけで、そういう無駄を取り除くのが市町村合併の趣旨です。

それなのに、「音楽ホールを造ってくれたら合併してもいい」では、まさに本末転倒。そもそも「この条件が通れば合併してあげてもいい」などと恩着せがましい言い方をされると、いったい誰のために市町村合併を推進しているのか、よくわからなくなります。

「その地域のためになるから合併しましょう」という話なのに、当事者である地元に危機意識がないのです。

しかし、それが正しいと信じて始めた以上は、根気強く進めていくしかありません。

当時、この仕事をやっていくうえで、私が市町村合併の成功例として多くの人に知っていただきたかったのは、北九州市のケースでした。

北九州市は、小倉、門司、八幡、若松、戸畑の五市が合併して生まれた、人口一〇〇万人の政令指定都市です。

当時の末吉市長の話によれば、「もし合併していなければ、五つの市の総人口は八〇万以下にとどまっていただろう」とのこと。一つの市として統一した施策をとることができたからこそ、一〇〇万都市を維持できたというわけです。

私は、この北九州市を端から端（門司から若松）まで自動車で走ってみたことがありました。かなりのスピードで走っても、一時間以上かかる広大な市です。あれだけ広い範囲を一つにまとめるには、相当な苦労があったことだと思います。

しかし、それでも合併は可能だったし、合併後も実際に大きな成果を上げました。ここで可能なら、全国どの地域でもやれないはずがない……、実際に北九州市を縦断してみて、私はそんな思いを強くした次第です。

現場を見ると真実が見えてくる――

ともあれ、現実を変革するうえで最終的に必要なのは、抽象的な「意見」ではなく、具体的な「行動」にほかなりません。もちろん十分な議論を通じてさまざまな意見を戦わせることも大事ですが、いったん「こうしよう」と決めたら、それを行動に移さなければ、どんなに素晴らしい意見も「絵に描いた餅」になってしまいます。

その行動のなかでも、まず第一にやるべきは、自ら足を運んで「現場を見る」ということではないでしょうか。文字どおりの「行動」です。

組織のリーダーのなかには、現場は部下に任せて、自分のデスクにへばりついたまま指揮を執ろうとする人もいます。しかし何事も、実際に現場に行ってみなければ、そこで何が起きているかを実感として知ることはできません。そのため、現場を知らずに頭の中だけで下した判断が、実状にそぐわないことも多くなるのです。

また、合併を成功させた北九州市を視察した私のように、現場を自分の目で確かめることによって、「これなら大丈夫」と今後の仕事に自信を深めることもあります。もちろん、逆に、「これはえらいことだ」と強い危機感をもつこともあるかもしれません。

いずれにしても、その仕事への意気込みは増し、行動もスピードアップするのではないでしょうか。

私自身、現場を見ることで危機感を強めたことがありました。

警察刷新会議の公聴会で、新潟を訪れたときのことです。この会議は、各地で続出した警察の不祥事を受けて開かれたもの。二回の公聴会のうち一回を新潟で行ったのは、そこが不祥事の「現場」だったからです。

二〇〇〇年の一月に発覚した柏崎市の少女監禁事件のさい、女性発見時の状況について虚偽のマスコミ発表をしたことや、県警幹部が温泉でマージャンをしていたことなどで、新潟県警は激しく非難されました。そのため公聴会では、さまざまな立場の方々から、数多くの貴重なご意見をうかがうことができたと思っています。

その公聴会を終えた後、私は事件の現場を見て回りました。

容疑者の自宅を目の当たりにしたときは、九年間も閉じこめられていた女性の恐怖と絶望を思って、胸が痛んだものです。

また、警察のデータベースについても、その重要性をさらに痛感しました。

というのも、あの事件では、容疑者が本件の一年五カ月前にも、別の少女を連れ去ろうとして逮捕され、有罪判決を受けていたにもかかわらず、その記録が犯罪者リストから漏れていたために、捜査線上に浮かび上がらなかったのです。

それ以外にも、さまざまな資料が柏崎署から県警本部に送付されていなかったり、そもそも職務怠慢で作成されていなかったことも、マスコミから指摘されました。

そういったデータがきちんと整っていれば、事件があれほど長期化することはなかったかもしれません。しっかりしたデータがあれば、さほど広くはなく、人口も少ない土地のことですから、もっと早く容疑者を絞り込めたのではないでしょうか。

もちろん私はそれ以前から、一連の捜査ミスのことは新聞報道を通じて知ってはいました。しかし、テレビや新聞を通して見るのと、その現場に触れるのとでは、やはり事件の印象が大きく違うもの。事件の現場を見たことによって、私は危機感を強め、より真剣にこの問題に取り組むようになったわけです。このように、現場の状況を肌で実感しているかどうかによって、物事に対する私たちの見方や考え方は大きく違ってきます。そのため、現場を知っている人間と知らない人間の間で意見が対立することも少なくありません。

私もこういう仕事をしていると、しばしば人と意見が合わなかったり、批判を受けたりすることがあります。

議論は必要ですからそれ自体はいいのですが、困るのは、現場のことを知りもしないで批判する人がいること。実態をよく調べずに、マスコミに流布している間違った「常識」や世間の雰囲気に乗って、おかしな意見を口にする人が多いのです。

たとえば私は、一九九四年から「中央連合簡易保険加入者の会」の会長を務めましたが、これなどは批判されることの多い仕事の一つだといえるかもしれません。

「官が民業を圧迫しているのはけしからん」というわけで、簡保廃止論を唱える人が多かったのです。

しかし、これはまず第一に、実状を無視しているというより、歴史的な経緯を無視した批判としか言いようがありません。「民業圧迫」とは、つまり官が民間のビジネスチャンスを奪っているということですが、簡易保険が生まれた事情を振り返れば、そうでないことはすぐにわかります。

簡易保険というのは、まず政府が始めて、それを民間の保険会社に開放したわけではありません。まず民間の生命保険があって、それに入れない人を救済するために官が始めたのが、簡易保険です。

現在とは違って、昔の生命保険は一般庶民が当たり前のように入れるものではありませんでした。採算が合わないため、生命保険会社が所得の低い人々や地方の人々を相手にしようとしなかったのです。

近年、私が生保会社のトップに「北海道や沖縄にも大きな代理店を置いてもらえないだろうか」と頼むと、「それは採算が合わない」と言われることが珍しくありません。そういう地方に住んでいる人々は、簡易保険があるお陰で助かっていたわけです。

現場の意識改革が復活の源——

いささか話が逸れてしまったようですが、ともかく私自身は何をやるにしても、なるべく現場を見てから行動を起こしたいと考えています。現場を見なければ問題の本質はわかりませんし、したがって逆境を克服する道筋も見えてきません。

また昔話になって恐縮ですが、私がアサヒビールに移ったときも、最初に気になったのは、現場で働いている社員たちの雰囲気でした。

まず、襟に社章をつけていない社員が多い。女子社員のなかにも、昼食時になるといちいち制服から私服に着替えて外に出ていく人が少なくありませんでした。

業績が悪化して、「夕日ビール」などと言われるぐらいでしたから、外でアサヒビールの社員だと知られるのが恥ずかしかったのかもしれません。

そんなふうに自分の会社に対して誇りをもてないようでは、士気が高まるはずがないでしょう。実際、それ以外の面でも、どこか緊張感を欠いた、シラけた空気が漂っていました。

一人ひとりは、やる気をもっているようなのですが、それが表に出てこないのです。

社員同士がお互いに挨拶をしないところにも、けじめのなさを感じました。社内ですれ違っても、挨拶どころか会釈も滅多にしません。

たとえば、私がエレベーターに乗り込んでも、まるでデパートで会った他人同士のような具合で、誰も挨拶をしないのです。

「元気で明るく声が大きい」が、仕事のできる人間の第一条件だと考えている私としては、これを見逃すことはできません。こういう沈滞した雰囲気のなかで働いていたのでは、もともとは元気で明るい人まで暗くなってしまいます。

そんなムードを反映しているのか、身だしなみのだらしない社員も目につきました。ワイシャツの襟元のボタンを外して、ネクタイを緩めたまま仕事をしているような人が多いのです。長髪の男性社員も少なくない。不潔なイメージをもっとも嫌う食品会社が、これでいいとは思えません。おそらく、これも社章をつけないことと関係があったのかもしれません。社章をつけなければ、アサヒビールの社員だとわからないわけで、ならば不潔なイメージを外部の人にもたれてもかまわないわけです。

こうした状況を目の当たりにして、私が現場のムードを変えるために始めたのが、「挨拶・身だしなみ運動」でした。

まるで、中学生か高校生を相手にしているような話ですが、それが会社の抱えている病根の一つだと感じた以上、そこから始めなければしようがありません。中学生だろうが社会人だろうが、人間が集団で行動するときに何が大事かというのは同じはずです。

とりあえずは、私自身が率先して「おはよう」と社員に大きな声をかけることから始めました。たいがいの社員は、社長に挨拶されれば挨拶し返すものです。

ところが、それでも私を無視して通り過ぎようとする社員がいます。こうなると、中学生以下としか言いようがありません。そういう社員をつかまえて、朝っぱらから「挨拶ぐらい、できんのか！」と怒鳴りつけることも珍しくありませんでした。

服装や髪型のチェックも、やると決めたからには徹底的にやりました。ネクタイが緩んでいればその場で「締め直せ」と言いますし、社章をつけていなければすぐに注意する。長髪の社員を見つけて、「ここで切ってしまうぞ」とハサミを出したこともあります。今どきは、中学校の生活指導担当教師でもそこまではやらないかもしれません。

そういう「運動」が功を奏して、社内の雰囲気は少しずつ明るくなっていき、社員たちは良い意味の緊張感をもって仕事に取り組むようになりました。

アサヒビールの復活というと、「コク・キレビール」や「スーパードライ」といったヒット商品がクローズアップされることが多いのですが、その背景にはこうした現場での地道な意識改革があったのです。

この社内の雰囲気が、新製品の売り上げを後押ししたのだと私は思っています。暗い雰囲気の会社からは、前例のない画期的な商品は生まれません。

神は細部に宿る――

また、アサヒビールに移った当初には、こんなこともありました。

ある工場を視察に行ったときのこと。いかにも古そうなタンクがあったので、「これは、ずいぶん古そうだけど大丈夫なのか」と担当者に問いただしたところ、「もう、とっくに寿命がきていります」と答えるのです。

寿命がきていることを知りながら、そんな設備を平気で使っているのですから、業績が悪くなるのも当たり前だと思います。なかには、九〇年も前に作られた機械を使っている工場もありました。

こうした意識の低さが、顧客からの不信感につながっていたに違いありません。これなども、現場を回らなければ見えてこない問題だといえます。

そんな経験もあったので、たとえば新国立劇場の理事長に就任したときも、私はさっそく劇場の様子を見に行きました。

赤字がかさんでどうしようもないという話でしたが、いろいろな資料を見たり、関係者から事情を聞いているだけでは、その理由がどこにあるのかよくわかりません。何はともあれ、オペラを上演している劇場に足を運べば、何かしら問題点が見つかるはずです。

劇場に行った私は、とりあえず開演前の客席の様子を眺めていました。お客さんはそれなりに入っていて、それぞれ自分の席に腰を下ろします。

ところが、少しずつ埋まっていく客席のなかに、いつまでも空いているところがありました。それも、舞台正面の最前列。いちばん良い席です。

にもかかわらず、開演五分前になっても誰も来ません。

料金の高い席なので売れないのかとも思いましたが、それにしても一人も来ないというのはおかしな話です。チケット売り場には、当日券を求める人たちが並んでいるぐらいですから、決して人気のない演目ではありませんでした。

不思議に思った私は、隣にいたスタッフに訊ねました。

「あそこの席が空いてるけれど、どうなっているの？」

「はい。あちらは招待席になっております」

その答えを聞いて、私は「これは赤字になるのも無理はない」と思ったのです。

招待券というのは、つまりタダで配っているチケットです。お世話になっている方々にそれを差し上げるのが悪いとは言いませんが、開演五分前になっても姿を見せない招待客のために、席を空けておくことはないと思いました。

空いているなら、当日券に回して売ればいい。その舞台を見たがっている人たちが大勢いるのに、招待席を空けたままにしておくのは、実にバカげた話です。

それに、最前列が空席だらけということでは、舞台の出演者だってガッカリすると思います。いくらプロとはいえ、やはり観客が少なければやる気を失うこともあるはずです。舞台はナマ物ですから、そういうことで出来不出来が左右されることもあるのではないでしょうか。それで劇場の評判が下がったのでは困ります。

もちろん、招待客がギリギリの時間になって駆け込んでこないとも限りません。そのとき、その席に一般のお客さんが座っていたら、これほど失礼な話はない。でも、それなら招待券の裏面に、「開演一〇分前までにご入場なさらない場合はキャンセル扱いにさせていただきます」とでも書いておけばいいだけの話です。

そんなわけで、私は理事長就任の初日から、スタッフたちにカミナリを落とすことになりました。カッとなると「瞬間湯沸かし器」になってしまうのは、私の悪いところです。

「こんな時間になっても空いてる招待席なんか、すぐに売れ！」

招待された方々が聞いたら怒られそうな話ですが、私はその名簿も見せてもらっていました。見れば、招待されているのはどれも見知った名前ばかり。私にとっては、仲間のような人たちばかりです。そんなこともあって、余計に「遠慮することはない」という気持ちになっていたのかもしれません。

就任早々、新しい理事長がいきなり具体的な指示を（それも激しい口調で）出したので、劇場のスタッフもかなり慌てたことだと思います。

ふつう、着任したばかりの人間というのは、今後の仕事に関する「総論」を語るところから始めるものです。のっけから「各論」に突っ込んで細かい指示を出す人は、あまりいません。

しかし私は、こういう細かい点にこそ、全体的な問題が表れていると感じました。

「赤字がかさんで大変だ」と言いながら、その問題にどれだけのスタッフが本気で取り組んでいるのか。強い危機感をもって、少しでも赤字を解消しようと日頃から知恵を絞っていれば、「招待客の空席を売る」という発想ぐらい、すぐに出てきそうなものです。

実際、ほかの劇場を見れば、招待席どころか販売したチケットでも、三〇分前までに来なければキャンセル扱いになってしまうところもあります。それはそれで「早すぎる」と文句を言うお客さんもいるでしょうし、あまりやりすぎるのも問題ですが、そういう考え方をもつこと自体は商売として当たり前のことです。

そういう意味で、当時の新国立劇場には、ごく当たり前のビジネス感覚が根付いていなかったといえます。

「神は細部に宿る」というわけで、そのことが招待席の扱い方にも表れていたわけです。世の中には「一事が万事」という言葉もありますから、これを見逃すわけにはいきません。だからこそ、私は就任早々にもかかわらず、強い調子でカミナリを落としたわけです。

そして、こうした「細部」や「一事」は、やはり現場に行かなければ見つけることができません。執務室に陣取って頭をひねっているだけではなく、足を使って行動することから問題解決の糸口が見つかることも多いのです。

現場は必ず何かを教えてくれる――

新国立劇場では、招待席の扱い方以外にも、現場を見て歩いたうえで施設面にいろいろな注文をつけました。かなり細かいことを言ったので、職員たちは、まるで掃除の仕方を姑にチェックされている嫁のような心境だったかもしれません。

たとえば、地下の駐車場。これがひどく不親切な状態になっていました。

まず、どこが新国立劇場の駐車場なのかよくわからない。というのも、実はこの劇場の隣には東京オペラシティという別の建物があって、駐車場のスペースは両者で共有しています。入口は一緒で、そこから真っ直ぐ進めば東京オペラシティ、左に曲がれば新国立劇場の駐車場に入ることができます。

ところが、その表示がわかりにくいため、気づいたときには東京オペラシティのほうに入っていた、という車が多かったのです。

そもそも、オペラを上演する新国立劇場と東京オペラシティが隣接していること自体が紛らわしいのですから、利用者のことを考えれば、そういう表示はよほど親切に出さなければいけません。

そこで、入口のところに見やすい大きな看板を出し、螢光灯をつけて夜でもはっきり見えるように改善しました。

それだけではありません。駐車券を出す発券機も、とても使い勝手の悪い場所に設置されていました。左にカーブしてすぐのところにあるので車を発券機の近くまで寄せられないのです。ウインドウを開けても腕が届かないので、駐車券を取るために、いちいち運転手が車を降りなければならない。運転の苦手な人はもちろん、プロの運転手でさえそうなのです。運転している人にとって、これほどイライラすることはないでしょう。

ですから、これもすぐに直させました。誰でも近くに寄せられるよう、発券機を三メートルほど先に移動させたのです。もちろん、そうすると開閉式のバトンの位置も動かさなければならないわけで、それだけ工事費もかかってしまいました。最初から利用者のことを考えて設計していれば、こんな無駄なコストはかからなかったはずです。

そのほかにも、とても利用者の立場で考えたとは思えない部分がたくさんありました。まさに「一事が万事」です。

案内表示が不親切だったのも、駐車場だけではありません。以前は、電車で来たお客さんも、駅を降りてからどっちへ行けばいいのか迷ってしまうような状態でした。

これは、私より一年ほど早く着任した総務部長が改善を始めてくれており、駅の改札に「新国立劇場」と書いた案内板を出させてもらっていましたが、それ以前は入ったばかりの職員でさえ、うっかり隣の東京オペラシティに出勤してしまうほどわかりにくかったそうです。

また、チケット売り場や売店なども、「どうしてこんな場所に？」と首をひねりたくなるような位置にありました。

とくにチケット売り場というのは、そこでお金を払って買っていただく場所ですから、目立つところになければ意味がありません。商売をしている以上、それが当然の感覚です。なのに、それがホールの一番奥にあります。

お客さまに「チケット売り場はどこですか？」と訊かれるようでは、話になりません。八百屋さんが、野菜や果物をお客さんから見えないところに並べているようなものです。

売店も同様で、やはり奥のほうにありました。売店があることとさえ気づかないお客さんもいたことだと思います。それでは売れる物も売れません。ですから、チケット売り場も売店も、今は正面玄関の近くに移しました。

こんな具合ですから、直すべき点はまだまだたくさんあります。劇場に足を運ぶたびに、必ず一つや二つは気になるところが見つかってしまうのです。

天気の良い日に、使うはずのない傘立てがロビーにずらりと並んでいるのを見て、片付けさせたこともありました。職員たちのオフィスに顔を出して、整理整頓などのことをガミガミ言ったことも一度や二度ではありません。

後で伝え聞くところによれば、私がいつ現れるかわからないので、職員たちが緊張していつも身辺を片付けておくようになったとか。思わず苦笑してしまうような話ですが、これも、現場に足を運ぶことの効用の一つでしょうか。

こう言うと、劇場スタッフに辛く当たってばかりいるような印象をもたれてしまうので、ちょっと言い訳しておきますと、私は利用者のためばかりでなく、職員のための改善も進めています。

スタッフに働きやすい環境を整えてあげることも、リーダーにとっては重要なテーマだといえるからです。

新国立劇場の職員用オフィスは、当初八〇名ぐらいを想定して設計されたのですが、現在は一五〇名ほどいるので、部屋が足りません。そのため、衣裳部屋や工作室にまで人を入れて、無理やりオフィスとして使っていました。

しかし、そういう部屋は空調設備がないので空気が悪い。さらに困ったことに、どういうわけか開閉できないハメ込み式の窓ばかりなので、換気ができません。そのため夕方になると、酸欠になって具合の悪くなる人までいたといいます。

そんな環境では良い仕事などできるはずがないので、これも費用はかかりましたが、窓を開閉できるものに取り替え、部屋も新たに造りました。

赤字続きだからといって、そういう部分のコストをケチっていたのでは、仕事の能率が上がらずに状況を悪化させるばかりです。

前にもお話ししたように、重しや障害を取り除いて「熱気球」をのびのびと空に舞い上がらせるのが、リーダーの役目なのです。

リーダーは現場に自分の熱意を伝えよ――

このように、私はどんどん現場に入り込んでいきますが、それは問題点をチェックするためだけではなく、自分の熱意を伝えるためでもあります。

リーダーがどんなに意欲をもっていても、その顔が見えないのでは、現場の空気は変わらないと思います。しかし、リーダーが積極的に現場に行って行動すれば、こちらが真剣勝負をしていることがわかってもらえます。

そして、リーダーが真剣勝負をしていることが伝われば、現場には緊張感が生まれる。これが何より大事です。姿の見えないリーダーが、どこか遠くから間接的に指示を出しているような組織は、なかなか士気が高まりません。

だからこそ、組織のリーダーには「行動力」が求められるといえます。言葉だけ巧みで行動を起こさないリーダーは、信頼を得ることができないのです。人を動かすためには、まず自分が動くべきだと私は思います。

とはいえ、現場に足を運んで問題点をチェックし、社員や職員にハッパをかけ、士気を鼓舞することだけがリーダーに求められる「行動力」ではありません。逆境にあえいでいる組織を立て直すには、もっと大胆な行動力が必要になることがあります。

たとえばアサヒビールの場合、まず社内の雰囲気が明るくなったことによって、新しいことにチャレンジする活発で自由な空気も生まれました。それが「コク・キレビール」や「スーパードライ」といったヒット商品を生み出す土壌になったことは言うまでもありません。

しかし、私が本当の意味でリーダーとしての大胆な行動力を求められたのは、そういったヒット商品が出た後のことでした。前にも述べたとおり、スーパードライの需要を賄うために、大規模な設備投資を行ったのです。

その後、アサヒビールの生産能力は年間二〇〇万キロリットルを超えていますが、スーパードライが発売された当時は、五〇万キロリットルしかありませんでした。これでは、せっかくスーパードライが破竹の勢いで売り上げを伸ばしているのに、その需要に追いつくことができません。千載一遇のチャンスをモノにできないわけです。

そこで私は、製造設備の更新と増設に六年半で六〇〇〇億円もの資金を投じました。ちなみに、それまでの年間設備投資額は七〇億円から八〇億円程度。過去のおよそ一〇倍にも及ぶ巨額の設備投資だったわけです。

これはビール業界でも「あまりに非常識だ」と言われました。また、これも前述したとおり、ハーバードのビジネススクールに講師として招かれたさいには、学生として参加していた現役の企業幹部たち（その多くは銀行関係者でした）にも、「クレージーだ」と大いに驚かれたものです。

しかし私としては、このときこそリーダーとしての行動力を発揮すべきだと考えていました。たしかにリスクの大きい賭けではありましたが、このチャンスに行動を起こさないようでは、組織のトップに立つ資格がないとさえ思ったのです。

もちろん、こうした大胆な行動は、私一人の力で起こせるものではありません。私が「これだけの設備投資をしよう」と決意したところで、その資金を融資してくれる銀行がなければ話にならないからです。

その点では、私自身が銀行出身であることが役立ちました。銀行時代に作った友人たちの存在がなければ、あれほどの設備投資は不可能だったと思います。

私の住友銀行での仕事ぶりを知っている人々は、「樋口なら、そう無茶なことはやらないだろう」と信用してくれました。初対面のアメリカの金融関係者にとっては「クレージー」な投資も、私と長くつきあっている人々にとってはそうではなかったわけです。

それだけではありません。そもそもアサヒビールという会社自体に、社会的な信用がありました。業績は悪くても、少なくとも過去にデタラメな経営をして世の中に迷惑をかけたことはありません。だからこそ投資が可能になったわけで、これはアサヒビールの歴史を築いてきた先人たちのお陰だといえるのです。本当に感謝しています。

周りからのサポートを受ける秘訣——

このように、人の行動というのは、そのスケールが大きければ大きいほど、多くの人々に支えられているものです。多くの人々に支えてもらうためには、それなりの信用が必要になる。その信用が、過去の実績によって生まれることは言うまでもありません。

話を新国立劇場に戻せば、私はここでも多くの人々に支えられながら自分の役目を果たしていました。というのも、この仕事をするうえで私にいちばん求められているのは、やはり「お金集め」だったからです。

先ほど紹介したように、駐車場から傘立てまで、私は現場レベルの改革を進めるために、いろいろと細かい指示を出してきました。また、これは次の章でお話ししますが、営業面の改善もさまざまな形で進めました。

しかし、もちろんそれは経営を立て直すうえで非常に大切な作業なのですが、それだけで新国立劇場という文化施設を運営していけるわけではないのも事実。

オペラハウスというビジネスは、お客さんからの入場料収入だけでなく、それに加えて各方面からの資金援助を受けなければやっていけないのです。これは日本に限ったことではなく、多少の差こそあれ、どの国でも基本的な事情は変わりません。

そして、私が理事長としていちばん力を発揮しなければいけないのも、実はその部分でした。おそらく私にこの仕事を依頼してきたほうとしても、それを期待する面が多分にあったのだと思います。頼みに来た文化庁長官が、「役人ではない人にお願いしたい」と言ったのも、その表れだったのかもしれません。

お金集めというのは、役人が苦手とする仕事の一つです。資金援助を頼む先はおおむね企業になるわけですが、基本的に役人は、ふだんから企業に対して頭を下げるような立場にありません。監督官庁という立場で、常に上から物を言うことに慣れているのです。

その点、自分で言うのも何ですが、私は人に頭を下げるのが得意なほうだと思っています。どんな逆境も、謙虚に頭を下げる姿勢さえあれば、必ず乗り越えられると信じて、これまでやってきました。

ちなみに、謙虚さの重要性を説くときに私がしばしばもち出すのが、琵琶湖の話です。琵琶湖は、周辺に人口が密集しているのに、水質がほとんど汚染されません。それは、湖面が低いために四方からいくつもの川が流れ込むことが一つの理由です。

頭の低い謙虚な姿勢があるから、周囲から支えてもらうことができます。また、いくつもの川が合流する琵琶湖が大きな氾濫を起こさないのは、かつて宇治川の隣に巨椋《おぐら》池遊水池が控えていて、増水した分を引き受けていたためです。

ここから私は、逆境にあるときに、謙虚な姿勢に加えて大きなゆとりをもたなければいけないということを学びました。

ですから私は、もし「お金集めの秘訣は？」と訊かれれば、「ニコニコしながら頭を下げることだ」と答えるでしょう。

それこそ「元気で明るく大きな声で」が大切で、そういう前向きな姿勢を見せなければ、お金を出すほうも不安になってしまいます。

いかにも苦しそうな陰気な顔で頭を下げるより、ゆとりをもって、「こんなに素晴らしい企画があるのですから、是非、お力をお貸しください」とニコニコしたほうが、向こうも安心するというものです。

もちろん、それだけで資金援助を受けられるほど世の中は甘くありません。アサヒビールの設備投資がそうだったように、過去の実績に基づく信用が必要です。

とはいえ、長い歴史のあったアサヒビールと違って、当時の新国立劇場は誕生してから日も浅いうえに、扱っている「商品」もビールほどポピュラリティがない。まだ日本に根付いているとはいえないオペラやバレエに対して理解を求めるのは、簡単ではありません。

そうなると、当面は私という人間の言葉と実績を信用していただくしかないのです。その場合、やはりこれまで財界で培ってきた人間関係が役に立つわけです。

それに私の場合、劇場経営の実績などもちろんありませんが、文化事業への援助という点ではそれなりに実績があります。アサヒビールの経営者として第一線で働いていた頃は、いろいろなところに資金的なサポートを行っていました。こういうことは、詰まるところ貸し借りの世界のような面があるので、かつて出していたものを今になって返していただいている、という部分もあるわけです。

そんなわけで、私は新国立劇場の理事長に就任して以来、ずいぶんいろいろなところへ行って、ニコニコしながら頭を下げてきました。

助かったのは、前理事長が運営財団を設立してくださっていたことです。

国が運営する場合、いろいろと法律上の規制があって、企業からの寄付を受けられません。広告費という形でいただくことはできますが、そうするとお金を出したほうが税金を払わなければいけない。これでは企業側のメリットが少ないので、なかなか出してもらえないわけです。

しかし経営の主体が運営財団に切り替わっていれば、寄付をしたほうは免税のメリットを受けることができます。そのため私が就任したときには、協賛金などを比較的スムーズに集められる仕組みができあがっていました。

私が理事長時代の新国立劇場では、年間三〇〇〇万円の協賛金をいただく特別支援企業グループをはじめとして、法人と個人を含めた多くの賛助会員の方々にご協力いただき、年間六億円の民間資金を受け入れていました。

劇場を支えてくださっている方々のお気持ちに報いるためには、今後ますます努力して、素晴らしい劇場に育てなければいけません。

私心を捨てれば臆するものは何もない――

そのためには、私自身、さらなる行動力を発揮しなければいけないと思っています。それが必要なのは、新国立劇場だけではありません。

この章では新国立劇場のケースを中心にお話ししてきましたが、リーダーとして現場に足を運び、ときに大胆な行動を起こさなければならないのは、どんな仕事も同じです。

ただ、人の行動というのは、大胆であればあるほど周囲に大きな波風が立つもの。口先で「こうすべし」と提言だけしているときはそうでもありませんが、いざそれを実現すべく行動を起こすと、思わぬところから逆風が吹いたり、摩擦や軋轢が生じたりするのが常です。それを恐れていては、どんな改革も進めることができません。

だから大胆な行動には、それに見合ったエネルギーと勇気が求められます。では、その勇気をもつためにはどうしたらいいのでしょうか。

行動を起こしたさいに生じる波風を前に怖じ気づかないためには、まず、自分の個人的な損得を考えないようにすべきだと思います。自分のことを中心に考えれば、リスクを伴う行動は基本的に「損」になってしまうことが多いので、気持ちが臆してしまうのが当然です。六年半で六〇〇〇億円もの設備投資など、できたものではありません。

だから、とりあえず自分のことは脇に置いて、何のためにその行動を起こすのかを考えるのです。答えは明らかです。

会社をより繁栄させるため、劇場を黒字にするため、お客さまに満足してもらうため、国や社会を良くするために行動するのだと単純に思うことができれば、何も臆することはありません。

たとえば私は、まだ若い時分に銀行で調査委員をやっていたとき、潰れかかっていたある会社を存続させるために骨を折ったことがありました。銀行としては潰す方針だったのですが、私にはまだその会社が社会的にも経営的にも、十分に存在意義をもっていると思えたからです。

しかし、上司に相談すれば反対されるに決まっています。そこで私は、その会社からの支払いが滞っていて不安を感じている下請け業者に、「私の調べたところによれば大丈夫です」というような文面の調査報告書を送りました。

今から思えば、ずいぶん無茶なことをしたような気もしますが、そのときは、「その会社を残すために何ができるか」ということで頭がいっぱいだったのです。もし失敗したら、自分が銀行を辞めればいいだけの話だ、という気持ちも心のどこかにありました。

どうも私には、そういうクソ度胸のようなものがあるようです。これは子どものときの経験で養われたものかもしれません。

というのも、私は小学生のとき、琵琶湖を走る船の上でヤクザとケンカしたことがありました。椅子に座っていた私の母親に、一〇人ぐらいのヤクザが「そこをどけ」と因縁をつけてきたからです。

「このガキ、湖に放り投げるぞ」などと凄まれ、本当に殺されるかと思うぐらいの恐怖を感じましたが、いったん歯向かった以上は引くに引けない気持ちになってしまい、ガンとして譲りませんでした。

後で母親に「二度とあんな真似をしてくれるな」と言われましたが、その体験が未だに私のなかで生きているような気がします。私にとっては、あれが「極限の恐怖」で、それに比べればほとんどのことは恐ろしくない、と思うことができるのです。

そういう意味では、自ら行動した経験が自分を強くし、それがさらに大胆な行動を支えてくれるということかもしれません。要するに、行動をすればするほど、その人の行動力は増していくということ。

口先だけで自ら動こうとしない人は、いつまでたっても行動力が身につかないのではないでしょうか。

また、大胆な行動を起こすにはタイミングも重要です。タイミングを誤ると、せっかく起こした行動が実を結びません。とくに、やや慎重になったために行動を起こすのが遅れ、大きなチャンスを逃してしまうのが、いちばんいけません。

チャンスは貯金できませんし、逃げ足も早いものです。

とはいえ、拙速になってもいけないのは当然のこと。

私の場合、行動を起こすかどうかのタイミングを見極める基準は、社会情勢やライバルの動きといった外的なものではなく、自分自身のなかにあります。

自分のなかで、気力・体力・やる気の三つが揃って充実したと感じたとき、このときは、迷うことなく行動を起こします。おそらく船でヤクザとケンカしたときも、どういう理由かはわかりませんが、子どもなりに気力・体力・やる気が満ちていたのかもしれません。そうでなければ、子どもの頃は虚弱体質だった私に、あんな真似ができたとは思えませんから。

ともあれ、いろいろな役目を与えられている以上、私はできる限り積極果敢に行動し、成果を上げたいと思っています。そのためにも、現役時代以上に気力・体力・やる気を高めながら、日々を送らなければいけません。

第3章

「当たり前の発想」が突破口を開く

建物は建築家のためにあるのではない――

前章では、駐車場の案内表示や発券機、チケット売り場や売店の位置など、新国立劇場における施設面の問題点をいくつか紹介しました。いずれも、その施設を利用するお客さまのことを考えていないという点が共通しています。

実を言うと、新国立劇場には同じような問題点がほかにもありました。それも、もっと重大な欠陥です。それを知ったとき私は本当に驚いたのですが、なんとこの劇場には、エレベーターやエスカレーターがありませんでした。

もっとも、厳密に言えば、まったくなかったわけではありません。エレベーターが二台、あることはありました。

ところが、それが恐ろしく使い勝手の悪い場所にあるのです。たとえば、大劇場の正面ロビーから三階のレストランに行くにしても、裏側の通路をたどって、ものすごく遠回りしないとエレベーターに乗ることができません。

そんなに歩かされたのでは、何のためのエレベーターかわかりません。歩かずに移動できるから、エレベーターは便利なのです。

そんなわかりにくい場所にエレベーターがあるため、階段しかないと思っているお客さまも多く、劇場がオープンしたときから「なぜエレベーターがないのか？」という苦情が絶えませんでした。

それはそうです。今の時代、体の不自由な人やお年寄りなどのためにエレベーターやエスカレーターを造るのは当然だからです。

どうしてこんな設計になったのか理解に苦しむところですが、ともかく、お客さまのことを考えれば、もっと使いやすいエレベーターが絶対に必要でした。

駐車場の発券機や売店などの移動とは、比較にならないぐらいの大がかりな工事になってしまいますが、必要なものがないなら、造らなければ仕方ありません。

そこで文化庁に掛け合って補正予算を組んでもらい、エレベーターの増設に着手しました。しかし、何しろ音楽ホールですから、工事のできる時間帯は限られています。オペラの上演中に、騒音を立てるわけにはいきません。

そのため、時間も費用もかなりかかってしまいました。同じエレベーターでも、劇場を建設するとき一緒に造っていれば、工費は半分で済んだとのことですから、なんとも効率の悪い話です。

お客さまから苦情が多かったのは、エレベーターの件だけではありません。

職員さえ道に迷うぐらいなので当然ですが、案内表示がわかりにくいことに関しても、不満を言うお客さまが大勢いました。目立たない場所に小さな字で書いてあるので、みなさん、洗面所や売店などを探してウロウロしていたのです。

当たり前のことですが、案内表示というのは、何がどこにあるかすぐにわかるようにするためのもの。それを、わざわざ目立たないように造ったのでは、本末転倒も甚だしいと言わざるを得ません。いちばん大事な目的が、どこかへ置き去りにされているのです。

なぜ、そんなことになってしまったのでしょうか。

建物の内装を考えるのは建築家の仕事ですから、案内表示の場所やデザインを決めるのも建築家です。聞けば、劇場全体の設計を担当した建築家が、そのほうが見た目が美しいという理由で、あえて表示を目立たないものにしたとか。もちろん、エレベーターを不便な場所に設置したのも、建築家の意図によるものです。

建築家という仕事には芸術的な面もありますから、それぞれ自分の価値観や美意識を表現したいという強い思いをもっているのは当然だとは思います。ですから、なるべく美しい「作品」を作り上げたいという気持ちはわかります。

しかしその一方、人々が実際に使用する建築物は、ただ眺めるだけの絵画や彫刻とは違うというのも、また当然のこと。実用性を無視して、美しさだけを求めるわけにはいきません。

ミロのビーナスやロダンの『考える人』のような彫刻作品を見て、「不便だ」と文句をつける人はいませんが、不便な建物は困ります。

これは工業デザイナーなども同じことで、たとえば「こんな物は邪魔だ。見た目が美しくない」と言って、バックミラーやワイパーのない自動車を造る工業デザイナーはいないはずです。「こうしたほうが美しい」と、横板の傾いた本棚を造る人もいません。実用性をクリアしたうえで、見た目にも魅力的なデザインを施すのが、彼らの仕事です。

仮にそんな本棚があれば、使う人は自分で横板を水平に直すに違いありません。「それでは私の意図が台無しだ」などと、デザイナーから文句を言われる筋合いはありません。本棚は、デザイナーのためにあるわけではないからです。

それと同様、建物も建築家のために造られるわけではない。それを利用する人々の利便性を最優先に考えるのが筋というものです。

むろん、不便な劇場ができあがってしまったのは、建築家だけの責任ではありません。新国立劇場の設計は広く公募して決めたわけですから、その不便な設計図を採用した側のほうが責任が大きいといえるでしょう。

採用するほうも、利用者のための実用性を求める視点をもち合わせていなかったわけです。

お客さまからの「クレーム」を財産と考える――

いずれにせよ、お金を払ってご来場いただいているお客さまの不満や苦情を、そのまま放置するわけにはいきません。

ですから私は、エレベーターと同様、案内表示も見やすいものに切り替えるよう指示しました。当たり前のことを、当たり前にやっただけの話です。

建築家からは「著作権の侵害だ」というクレームもありましたが、総務のほうで調べたところ、そういう問題は一切ないことがわかりました。

そもそも商売としてやっている以上、きちんと耳を傾けるべきは建築家からのクレームではなく、お客さまからのクレームです。お金を払ってくれるのは誰か、誰のために仕事をしているのかを考えれば、優先順位は明らかなはずです。

お客さまの声を聞かなければ、どんな商売も成り立ちません。これはビジネスの基本です。ですから私は理事長に就任した当初から、新国立劇場の職員たちに、「劇場というのはクレーム産業だ」と言っていました。これは、東京都現代美術館でも同じです。

もちろん、お客さまからのクレームもさまざまですから、そのすべてを受け入れて、何でもかんでも言われたとおりにするわけにはいきません。

たとえば「開演時間が早すぎる」というクレームがあれば、「遅すぎる」と文句を言う人もいるわけで、お客さまの事情は人それぞれですから、両方の要望に応えるのは無理。

それに最近は、理不尽な要求をしつこく続ける「クレーマー」などと呼ばれる人間もいて、対応に苦慮している企業もあります。

そこまで悪質ではなくとも、お客さまからのクレームには単なる「わがまま」にすぎないものも少なくありませんから、商品やサービスを提供する側としては、ときに鬱陶しく感じることがあるのも事実かもしれません。

「そんなわがままを聞き入れなければいけないほど、お金はもらってない」と愚痴の一つもこぼしたくなることもあると思います。

しかし、それでもやはり、お客さまからのクレームは大切な「財産」だと考えなければいけません。そこには、より質の高いサービスを提供するためのヒントがたくさん詰まっているからです。

お金を払ってくれたうえに、貴重なビジネス・ヒントまで授けてくれるのですから、クレームをつけるお客さまほど「ありがたい」と思うべきでしょう。

劇場や美術館が提供している「商品」は、見るお客さまの趣味嗜好によって評価がまったく異なります。

たとえば、コンテンポラリー・アートにありがちな抽象画など、最高級の芸術作品として感動する人もあれば、「ただの落書きじゃないか」と思う人もいます。それだけにクレームも多いわけですが、これをうるさがってはいけません。

クレームをつけるのが当然で、何も文句を言わない人のほうが不思議だと思うぐらいで、ちょうどいいのではないでしょうか。

事実、新国立劇場でも、先ほど述べた施設のハード面だけでなく、演目や出演者などのソフト面に関しても、お客さまからさまざまなクレームがあります。それを「単なる個人的な趣味の問題」「全員の希望に添えるわけがない」と無視していたのでは、劇場に未来はありません。すべてに応えないまでも、一つひとつのクレームにしっかりと耳を傾け、将来のヒントとして活かす姿勢が求められるのです。

悪い情報ほど積極的に集める――

また、これは企業の経営者をはじめとする、あらゆる組織のリーダーにも必要な姿勢だといえます。クレームとは、つまり自分にとって「都合の悪い情報」のこと。

売れ行きが予想を下回っているとか、社員の間に不満が渦巻いているとか、そういう悪い情報はできれば耳にしたくないものですが、それに対して耳をふさぎ、目を逸らしていたら、気づいたときには取り返しのつかない事態を招きかねません。

よくあるのが、側近にイエスマンばかり集めた結果、リーダーがいわゆる「裸の王様」になってしまい、状況の悪化に対して手を打つのが遅れてしまうケースです。

イエスマンである側近は、リーダーの意見を否定するような情報を伝えたくないので、顧客からのクレームを含めたバッド・インフォメーションを、途中で握り潰してしまうわけです。しかも、そうなるのは専制君主のようなリーダーだけではありません。人間には、放っておくと、上役にグッドニュースばかり伝えたがる習性があるからです。

自分が怒られたり、上司の不機嫌な顔を見たりするのは誰でもイヤなものですから、それも無理はないことだと思います。実際、私も銀行で長く仕事をしている間に、出世して肩書きが上がるほど、耳に入る情報が自分に都合の良いものばかりになっていくのを経験しました。

課長よりも次長、次長よりも部長、部長よりも取締役のほうが、バッド・インフォメーションから縁遠くなる。自然とそうなっていくのです。

ですから私自身、アサヒビールの社長に就任してからは、常に「バッド・インフォメーションを集める」ことを心がけていました。

その「情報収集装置」として全国に配置したのが、およそ二〇〇〇人の「マーケットレディ」です。彼女たちは、全国の問屋や販売店を回って、「ラベルがはがれている」「ビンが汚れている」といった自社製品に関するネガティブな情報を集めてくれました。

これによって、経営の「資源」ともいえる貴重な情報が手に入ったのはもちろん、お客さまとの距離がずいぶん狭まったような気がします。

どんな商売も、お客さまの立場に立った発想が求められる以上、その距離が遠くなればなるほど失敗しやすいといえるのではないでしょうか。

また、バッド・インフォメーションを集めようと思ったら、それを受け入れる側の態度も重要です。

たとえば、部下から悪い話を聞いたとたんに顔をしかめたり、「なんだと！」と声を荒げたりすれば、その部下は委縮して「もう二度と悪い話は伝えないようにしよう」と思うかもしれません。

逆に、「そうか、大切なことを教えてくれてありがとう。また、こういう情報があったら頼むよ」と感謝すれば、その部下は次も積極的にバッド・インフォメーションを伝えようとするはずです。

要するに、価値のある情報を仕入れようと思うなら、伝える側のモチベーションが上がるようにもっていかなければいけないということ。ですから、たとえそれが前に聞いたことのある話だったとしても、「その話はもう別のルートから聞いて知っている」などと言うべきではありません。

「そういう話は、私ではなくて常務にでも伝えておきなさい」という具合に、迷惑そうな態度をとるのも禁物です。

このように、都合の良い情報は放っておいても耳に入ってきますが、都合の悪い情報というのは、自ら積極的に集めようとしない限り、どこかに埋もれて出てきません。金銀財宝の詰まった秘密の箱が、たいてい海の底や山奥に隠されているのと同じことです。

ゴミはどこにでも落ちているけれど、宝物は探さなければ見つからないもの。

情報とは、そういうものではないでしょうか。

「ユーザーの論理」で常に考える――

先ほど、マーケットレディからの報告によって、お客さまとの距離が狭まったという話をしました。これも、私が劇場や美術館の職員たちに「劇場はクレーム産業だ」と口を酸っぱくして言う理由の一つです。

クレームを嫌がらず、むしろ積極的に聞き出す姿勢をもっていれば、自然とお客さま本位の考え方が身につくはず。その発想を当たり前のものとしてもっていれば、エレベーターのない劇場を造ったり、案内表示を目立たないところに設置したりするようなことは最初から起こらなかったと思います。

仕事は、常にお客さまと対話をしながら進めていかなければいけません。

「どうすれば商売がうまくいくか」という問いに対する答えは、実に単純です。お客さまが喜ぶモノやサービスを提供すれば、うまくいく。商売は、そこに始まり、そこに終わります。

「それが何だかわからないから苦労するんじゃないか」と思う人もいるかもしれません。たしかに、お客さまの多様なニーズに応えるのはそう簡単なことではありません。しかし、ニーズを把握するのが難しいからといって、お客さまとの対話をおざなりにしていたのでは、何も始まらない。その基本を忘れるべきではないのです。

ところが、最初は「お客様本位」でビジネスを始めたつもりでも、売れ行きが伸びずに経営状態が悪くなったりすると、この基本が見失われることがしばしばあります。

「ユーザー（お客様）の論理」よりも「生産者の論理」が優先してしまい、利益を出すためにコストを削るなどして、モノやサービスのクオリティが低下するわけです。

かつてのアサヒビールもそうでした。

私が移った当時、業績がドン底だったアサヒビールは、原材料のコストを切り詰めることばかり考えていたのです。それだけでも品質が落ちるのに、そのうえ、月末になると販売店に無理な押し込み販売をしていたため、店頭には古いビールが並んだまま。これでは、お客さまが喜ぶはずがありません。

こうした問題点を私に教えてくださったのは、キリンビールの小西秀次会長（故人）とサッポロビールの河合滉二会長（当時）でした。

図々しくも、ライバル会社のトップを訪ねて、

「アサヒのどこが悪いのか教えてください」

と質問した私に、お二人ともイヤな顔一つせず、

「もうちょっと良い原材料を使ったほうがいいのではありませんか」（小西会長）

「ビールで大事なのは新鮮さです。フレッシュ・ローテーションですよ」（河合会長）

というアドバイスをくださったのです。

そこで私は、さっそくこの二点の改善に取り組みました。お客さまの満足を第一に考えるなら、どちらも見逃すことはできません。業績を向上させようとするなら、まずは何をおいても「おいしいビール」を提供することです。良い原材料を使って、新鮮なビールをお客さまに飲

んでいただくことから始めるべきです。

原材料のほうは、担当役員を世界各国に派遣して、「値段はいくら高くてもいいから、最高級のものを見つけて仕入れろ」と指示しました。資金的には決して楽ではありませんし、苦しいからこそ今までは安い原材料を使っていたわけですが、ここは妥協してはいけないと思いました。

それにビールは九割が水ですから、最高の麦とホップを使っても、さほど大きなコストアップにはなりません。

一方、フレッシュ・ローテーションに関しては、「製造日から三カ月以上たった古いビールを小売店から買い戻して処分する」という方針を打ち出しました。

前代未聞の提案ですし、こちらのほうは膨大なコストがかかるので、経営会議は大紛糾。「古くても必ず売れるところはあるのだから、買い戻すぐらいなら、安く売って少しでも換金したほうがいい」という反対意見も出ました。

しかし、それこそ「生産者の論理」です。台所事情が苦しいので、少しでも換金したいという気持ちはわかりますが、会社の経営状態など、ビールを飲むお客さまには何の関係もありません。

それを優先して、まずいビールを人々に飲ませたのでは、ますます信頼を失って業績が落ち込んでしまいます。

私は懸命に説得をくり返し、最後には自分の考えを押し通しました。

工場のビールパーティで、古いビールと新しいビールを社員に飲み比べさせ、「こんなに味が違うのだから、古いビールは捨てるべきだ」と言ったこともあります。

実際に古いビールの回収を始めてみると、予想以上に返ってくる量が多く、最初に見込んでいた経費枠を軽くオーバーしてしまいました。

しかもビールを処分するには、アルコールを分解して無害な液体に変える処置をする必要があり、これにも計算外のコストがかかります。その部分は、ビールのことを知らない素人の浅はかさだったので、素直に謝りました。

しかし、私はその一方で会社の仕入れ管理が甘くなっていたことを突き止め、改めて価格交渉をすることによって、およそ一カ月の間に五〇億円ほどの資金を浮かせてもいます。

改革のために、ただ経費を湯水のように使っていたわけではありません。お客さまのために、使うところは思い切り使い、無駄な経費は節約するという、当たり前のことをしただけです。

プロデューサーは消費者、メーカーは大根役者——

このように、アサヒビールの復活は「ユーザーの立場で考える」という商売の原点に立ち返ることから始まりました。

ヒット商品となった「コク・キレビール」や「スーパードライ」も、「消費者はどんな味のビールを飲みたがっているか？」というテーマを徹底的に追求した結果、生み出されたものです。

どちらも、商品開発をめぐって社内で激しい議論が戦わされました。

「コク・キレビール」のときは、「味を変えると失敗する」という、飲料業界のジンクスをもち出して、慎重論を唱えた人もいます。たしかにこの業界には、ペプシに追い上げられたコカ・コーラが、味を変えて失敗した前例などがありました。

しかし、当時のアサヒビールほど業績が落ち込んでいれば、ジンクスや前例にかまっている余裕などありません。

タブーに挑むことになったとしても、何かを変えなければ道は開けない。それに、大規模なアンケート調査の結果、消費者が「コク」と「キレ」の両方を求めているのは明らかでした。

そこで技術陣は、二つの相反する要素を併せもったビールの開発に取り組み、お客さまに試飲していただきながら、あの「コク・キレビール」を成功させたのです。

まさに、「顧客本位」で作ったビールだといえます。

次の「スーパードライ」のときも、「辛口のビールなんて前例がない」という反対意見が根強くありましたが、マーケティング部のほうは、「喉越《のどご》しのいいドライなビールが求められている」と主張していました。

「コク・キレビール」以上に大胆な企画ですので、私も最初は慎重な姿勢でしたが、消費者がそれを求めているのであれば、あっさり切り捨てることはできません。

そこで、まずは研究を進めさせて、試作品が満足のいくものであれば、商品化しようということにしました。そしてこちらも、試作品を試飲した人々から、「これはいける」「おいしい」という評価を受けました。

それが記録的な大ヒットになったのですから、「やはり商品開発はお客さまのほうを向いて行わなければならない」と痛感した次第です。

そして私は、メーカーは「大根役者」でなければならない、と考えるようになりました。意味がわかりにくいかもしれませんが、これは「タレント」ではなく「役者」であれ、ということです。

従来のビール業界は、どちらかというとメーカー主導の商品開発を行っていました。お客さまの要望を聞いて作るのではなく、自分たちから「この味を飲んでください」と提案する。これは、いわば「タレント型」のやり方といえるかもしれません。

たとえば、漫才やコントなどをやるお笑いタレントは、基本的に「自作自演」です。それぞれもって生まれたキャラクターがあり、自分なりの間合いがあり、独特のギャグセンスがあって、それを活かしたネタを自らが作る。

タレント側が「こうやればウケるだろう」と考えているわけで、お客さまに「どんなネタが見たいですか？」とは訊きません。

それに対して役者のほうは、脚本家の書いたシナリオにしたがって、監督や演出家の注文どおりに芝居をします。

主役級の役者になれば、自ら「こう演じたい」と主張することもあるでしょうが、少なくとも大根役者の場合、そんなことはしません。ひたすら与えられた役になり切って、言われたとおりに演じるわけです。

それと同じように、メーカーも与えられた役柄を演じる役者にすぎません。すべてを自作自演するタレントとは違います。

芝居の内容を決めるプロデューサーは、言うまでもなく消費者です。商品を流通させる問屋や小売店は演出家のようなものなのかもしれません。そこから出てくる声に謙虚に耳を傾け、要望に応えるのが、メーカーの仕事なのです。

もちろん、だからといって単に「売れればいい」というわけではありませんし、メーカーとしてのオリジナリティを捨ててもいいというわけではありません。新しい商品を世に出す以上は、誰も真似できないような独自性を求めるのが当然です。

しかし、その場合も決して消費者の声を無視してはいけません。

メーカーとして謙虚な姿勢を忘れてはいけない、と自らを戒める意味で、私は「大根役者たれ」という言葉を使いました。とくに「スーパードライ」のような大ヒット商品が出ると、つい慢心して売れっ子タレント気取りになりがちなもの。

その「スーパードライ」も、もともとのプロデューサーは消費者だったことを忘れてはいけないのです。

駅が遠いなら近くに駅を造ればいい――

また昔話が長くなってしまいましたが、こうした経験を積み重ねているので、私は今でも「お客さまのために何ができるか」を第一に考えるようにしています。

とくに、前に紹介した新国立劇場をはじめ、官主導で造られた施設というのは、この「顧客本位」の発想が欠落していることが少なくありません。民間企業でさえ、それを忘れて「生産者の論理」を優先させてしまうことがあるのですから、商売に無頓着な役人がそうなるのも、ある意味では無理もないと思います。

しかし、いくら何でもお客さまを蔑ろにしすぎではないかと呆れることもあります。

たとえば、「東京の問題を考える懇談会」の一員として、両国の江戸東京博物館を視察したときのこと。

ここには広い駐車場があるのですが、原則として大型バス専用の予約制で、スペースに余裕があるときしか、一般の乗用車は使用できません。余裕があるかどうかは、事前に問い合わせでもしない限り、行ってみなければわからないのですから、基本的に一般客は使えないということです。

ところが、その駐車場を、博物館の職員は平気で使っているのです。お客さまの利用は制限しておきながら、職員は悠々と自動車通勤をしているのです。

職員は駐車場の使用状況を知っていますし、数もそれほど多くはないので支障はないのでしょうが、車で行きたいのを我慢しているお客さまにとっては納得できる話ではありません。はっきり言って、無神経です。お客さまのことを第一に考える気持ちがあれば、自分も駐車場の利用を遠慮するのが当たり前の感覚ではないでしょうか。

また、私が館長を務めていた東京都現代美術館の場合は、前にも少し触れたとおり、立地からしてお客さまのことを、まるで考えて造っていません。

利用できる駅は、地下鉄の清澄白河駅、木場駅、菊川駅などがあるのですが、どの駅からも歩いて一五分もかかる場所に建っているのです。

しかも、駅からのアクセス手段は徒歩かタクシーしかない。これでは、お客さまが来るはずがありません。結局、都庁移転の埋め合わせという自分たちの都合だけで美術館を造ったことが、苦境を招く最大の原因だったといえるでしょう。

したがって、私が館長になって最初に着手したのは、このアクセスの問題でした。

とはいえ、建物内にある売店やチケット売り場ならともかく、すでに建っている美術館自体を駅の近くに移転させるわけにはいきません。では、どうするか？

お客さまの立場で考えれば、いちばんいいのは「近くに駅を造る」ということです。

大胆な発想に聞こえるかもしれませんが、私に言わせれば、そう考えるのが当たり前。単純に「顧客本位」の考え方を貫けば、自然とそういう結論になります。

誰だって、美術館まで一五分も歩かされれば、「もっと近くに駅があればいいのに」と思うはずです。そこで「駅を造るなんて、お金がかかって大変じゃないか」と考えるのは、たしかに現実的な発想ではあるかもしれませんが、やはり「生産者の論理」です。

もちろん私も、駅を造るのが簡単だと思っていたわけではありません。でも、それがお客さまの求めるものだと思うと、とりあえずその可能性を探らなければ気が済みません。

次善の策を考えるのは、それがダメだとわかってからの話です。

それで聞いてみると、美術館の下には都営地下鉄の線路が通っているということでした。ならば、新たに線路を敷く手間がない分、駅を新設できる可能性も高いはず。私は素人なので単純にそう考え、関係者にそれを打診しました。

ところが、なんでも線路のカーブがあまりうまく造られていないとかで、そのままの状態で乗客を運ぶのは難しいとのこと。線路の工事からやり直すと五〇〇億円もの資金が必要になるとのことで、結局、駅を造るのは諦めざるを得ませんでした。

そのため、次善の策として、今は東京駅や錦糸町駅から都営バスを走らせています。現代美術の面白さをアピールするために、世界的にも注目されているポップアートの旗手・村上隆さんにデザインしていただいた「ラッピングバス」も用意しました。

交通の不便なところに美術館を建ててしまったのは、仕方ありません。しかし、そうなった以上、お客さまの「足」をいかに確保するか考えるのが最初の仕事だと思います。

同じ東京都の仕事なのですから、都営バスを運行させることぐらい、開館と同時にやっていなければおかしいと私は思います。

しかし、その当たり前のことを考えられない人が「官」の世界には少なくない。だからこそ、私のような民間出身の人間が出る幕もあるのかもしれません。

逆境であればあるほど既成のルールにとらわれるな――

これはよく指摘されることですが、「官」と「民」の違いといえば、フレキシビリティ（柔軟性）の有無もその一つです。

むろん民間にも頭の固い人は少なからずいますが、やはりふだんから法律や規則にがっちり縛られている役人のほうが、融通の利かない四角四面の杓子定規な考え方をしがちです。

商売というのはアイデアの勝負ですから、ちょっとした発想の転換によってうまくいくことが少なくありません。

たとえば私は、「東京の問題を考える懇談会」で、東京国際フォーラムの駐車場の活用法を提案したことがあります。

有楽町に建っているこの施設も、都の財政に負担をかけているものの一つ。その駐車場が平日はガラガラだというので、私はそれを、近くにできたビックカメラに貸せばいいと提案しました。

どうせ空いているなら、必要な人に使ってもらって少しでも稼いだほうがいいはずです。以前から、施設利用者でなくても有料で駐車できるようになっていましたが、ビックカメラで買い物をすれば、無料もしくは割引で使えるとなれば、稼働率も上がるはずです。

これなどは、杓子定規の役人には思いつかないアイデアだったかもしれません。とはいえ、別に自画自賛するわけではなく、常に利益を上げることを追求している、企業の経営者としてはごく当たり前の発想だと思っています。

現代美術館でも、かつてこんなことがありました。館長に就任してから、私は入場料の見直しを行ったのですが、これがなかなか進まない。融通が利かない彼らは、いったん決めたものは簡単には変えようとしないのです。

それ以前に、入場者を増やすには料金体系をどうしたらいいか、という発想もない。おそらく、美術館を維持するのに必要な収入を、予想される年間入場者数で割るという単純な決め方をしていたのだと思います。

しかし、その入場者数が伸びないのですから、場合によっては入場料を下げるという考え方もあり得るでしょう。料金を下げても、来てくださるお客さまが増えれば、収入は減りません。

現代美術館の場合、私は子どもの入場料が高すぎると感じました。

そこで私は、思い切って「小学生以下の子ども料金をタダにしよう」と提案しました。子どもをタダにしても、家族連れで来館してくれるお客さまが増えれば、十分に採算が合うと考えたからです。

しかし残念ながら、当時の東京都の条例で、料金をタダにはできないとのこと。それでは仕方がないので、子どもの入場料は一〇〇円まで引き下げることにしました。

都のほうからは「五〇〇円ではどうか」という話もありましたが、その程度の値下げでは大して意味がありません。それに、そんな「微調整」で済ませてしまったのでは、硬直化した発想そのものが切り替わりません。

大事なのは、収入アップという目的のために何ができるかを考える、フレキシブルな発想力を身につけることです。

ちなみに現代美術館では、私が館長になってから、こんなアイデアも実行に移しました。土曜日に限って、パントマイムなどのパフォーマンスを見せる大道芸人たちに、美術館周辺の敷地を開放したのです。

フランスに行ったことのある方なら、すでにお気づきでしょうが、これはパリのポンピドー・センターを見習ったもの。あの美術館の周りは、週末になると大勢の大道芸人が繰り出して技を競い合い、たいへんな活気を呈しています。それによって、人々もたくさん集まってくる。

あの光景を、現代美術館でも再現できないかと思ったのです。

このアイデアに関しても、「関係者以外立入禁止」「敷地内での営業行為は禁止」という規則にこだわって、認めたがらない人がいたことは言うまでもありません。

「芸を見せるのはいいが、見物人からお金を集めるのは禁止すべき」という意見もありました。

でも、見物人からの投げ銭を禁じたのでは、大道芸人たちの意欲も半減してしまいます。彼らが集まってくれなければ、この企画を立てた意味がありません。

投げ銭を集められないようなルールがあるのなら、変えればいいだけの話です。極端な例を出せば、もっとも根本的な法律である憲法でさえ改正することができるのですから、変えられないルールなどこの世にないのです。

何事も、既成のルールや固定観念にとらわれていたのでは、大胆な改革などできません。逆境であればあるほど、物の考え方を根本から転換することが必要です。

昔から「官」の世界には、いわゆる「前例踏襲主義」がはびこっていました。前例のないことには挑戦せず、従来どおりのやり方をくり返す。しかし、それが通用するのは順境にあるときだけです。

逆境にあるときに前例を踏襲していたのでは、ますます状況が悪くなるだけです。その前例が良くなかったからこそ、逆境を迎えてしまったのです。それをくり返していて、良い結果が出るはずがありません。

昔から続いてきた考え方を改めるのは容易でないかもしれませんが、それをやらなければ何も変わらない。

アサヒビール時代から「前例がない、だから挑戦する」をモットーとしてきた私としては、彼らの硬直化した発想を打ち破って柔軟性を育てることも、自分に課せられた役目だと思っています。

半分以上が「S席」では多すぎる——

新国立劇場でも、従来のやり方を変えるような指示をいろいろと出しました。たとえば、客席の料金設定を変えたのもその一つです。

オペラやバレエを上演する劇場の座席は、値段の高い順にS席、A席、B席、C席、D席、それに当日売りのZ席まで6つのランクに分かれているのですが、以前は一八〇〇席のうち一〇〇〇席がいちばん高いS席でした。おそらく、客席数が少ないので、そうしないと入場料収入が上がらないという計算があったのかもしれません。

でも、入場料が高くてお客さまが入らないのでは、元も子もありません。半分以上がS席というのでは、「もっと安ければオペラも見てみたいんだけど……」という人を受け入れにくくなってしまいます。

そもそも新国立劇場は、なるべく低料金でオペラやバレエを鑑賞してもらうことが一つの眼目なのですから、一〇〇〇席がSというのは多すぎます。

そこで今はS席を八〇〇台に減らし、その分、料金の安いほかのランクの席数を増やしました。一つランクが下がれば、二〇〇〇円から三〇〇〇円程度安くなりますから、以前よりもチケットを買いやすくなった人が多いのではないかと思います。

また、以前は新作公演も再演も同じ料金でチケットを販売していましたが、これも変えました。再演は、初演時よりも安い値段で見ていただくことにしたのです。

再演は初期投資がない分、制作コストが新作よりも安く上がっているはずですから、ある意味で当然のことだといえます。

それに、作品の人気が高いから再演がかかるわけですから、フタを開けてみないとわからない新作よりも、再演のほうが安定した入場者数が見込めます。初演を見た人も、値段が安くなっていれば「もう一度、見よう」と思ってくれるのではないでしょうか。

各種の割引サービスも、以前よりバリエーションを増やし、たとえば、一年間に上演する全オペラ作品の初日をすべて見られるセット券は、五パーセントの割引。すべてのオペラを休日に見られるセット券も、五パーセントの割引。全オペラのなかから四作品をチョイスするセット券は、二〇パーセントの割引といった工夫を当時行いました。

いつも劇場に足を運んでくださる固定客を大事にするためには、こうしたサービスが欠かせません。

チケットの販売方法も、お客さまの利便性を考えて、ずいぶん手を加えています。

まず、今の時代では当然のことですが、インターネットでもチケットを買えるようにしました。

また、「ジ・アトレ」という新国立劇場の友の会会員になってくださった方は、チケットを郵送で受け取れるようになっています。

以前は、劇場の窓口や街のチケットショップに出向かなければ買えなかったのですが、これではお年寄りや体の不自由な方は不便でたまりません。

実際、「どうして郵送してくれないのか」というクレームもありました。それを「郵送はできない」と木で鼻をくくったように断っていたのでは、「だからお役所仕事はダメなんだ」と言われても仕方ありません。

「お客さまが喜ぶことは、できる限りやる」、それが基本です。

スタッフの意欲を引き出す――

こうしたサービス面でのキメ細かい対応を模索する一方、私は営業サイドにもかなりハッパをかけています。営業が知恵を絞っていろいろな工夫をしてくれなければ、どんなに良い舞台を制作しても、客層は広がりません。

ただ、同じ工夫をするにしても、効果的なものもあれば、がんばっても効果が見込めないものもあります。

たとえば、一定数のお客さまを確保するために団体客を勧誘するという工夫は、決して悪いものではありません。しかし、何でもかんでも団体を狙えばいいかというと、そんなこともないのです。

演劇は、婦人会のような鑑賞団体が多いので有効ですが、オペラやバレエを団体で見に来る人はほとんどいません。

ところが私が見ていた頃の営業部は、演劇と同じ手法で団体客を勧誘しようとしていたので、これには「それは狙うところが違うんじゃないか」と注文をつけました。

同じ舞台作品といっても、演劇、バレエ、オペラはそれぞれ質の違う「商品」なのですから、それこそ柔軟な発想をもって、一つひとつについて効果的な対策を考えなければいけないのです。

営業面では、先ほども触れた「ジ・アトレ」という会員制度の見直しも行いました。

これは、「会員になるとチケットを発売の二週間ほど前から優先的に予約できる」などの特典を受けられる制度です。劇場がオープンしたときに会員を募集し、定員の一万人はすでに一杯になっていました。

ならば放っておいていいかというと、そんなことはありません。その一万人が会員としての特典を活かしていなければ、意味がないからです。

事実、当時の会員の入会後の動向を追跡調査してみると、実質的に会員として劇場を頻繁に利用している人は半分しかいないことがわかりました。残りの五〇〇〇人は名前が登録されているだけの、いわゆる休眠会員です。

これでは、数字のうえで定員が埋まっているだけで、事実上はたくさん「空き」があることになります。にもかかわらず募集を打ち切っていたのでは、会員になりたいと思っている熱心なお客さまに気の毒ですし、そういうお客さまを固定客としてつかめないのでは、劇場にとってもマイナスです。

ですから営業サイドには、新たに五〇〇〇人の会員を募集するように指示しました。その枠もすでに一杯になりつつあるようですが、今後も会員制度が形骸化しないようチェックを続けなければいけません。

細かいことを列挙してきましたが、こうした改善の甲斐あってか、お陰さまで入場者数は飛躍的に伸びています。チケットが売り切れてしまい、見たくても見られないお客さまがいるのは申し訳なく思いますが、それも経営的には嬉しい悲鳴といえます。

最近は、上演される作品にもよりますが、劇場周辺にダフ屋が出没するまでになりました。これは犯罪行為ですから決して許されるものではありませんが、ダフ屋が「商売になる」と考えるということは、それだけ劇場の人気が高まってきた証拠です。

こうして業績が上がってきたのは、一つひとつの地道な努力の成果であると同時に、やはり職員全体の意識が変わってきた結果だといえるのではないでしょうか。

私が理事長に就任したときと比べると、職員たちの顔つきもかなり変わってきたように見えます。

漫然と仕事をしていたのでは、売れるものも売れません。本気でお客さまのために良いサービスを提供しようと思い、本気でビジネスを成功させようと思えば、その熱意や情熱は世間にも伝わるものです。そういう意欲を引き出すのが、私にとってもっとも重要な仕事なのかもしれません。

第4章　見極める目を養う

ことなかれ主義は諸悪の根源――

硬直化した役人の発想を批判するようなことばかり書いてしまいましたが、私は決して彼らが無能だと思っているわけではありません。それどころか、かつて日本の官僚は「世界一」と評されることもあるほど優秀でした。

実際、敗戦後の混乱から日本が復興し、世界を驚かせるほどの高度経済成長を実現した背景に、優秀な官僚たちの存在があったことは言うまでもないと思います。

ほかの国を見渡しても、これほど役人が先頭に立って強力に社会全体を引っ張り上げたケースはほとんどありません。日本は、「官」主導によって成功した、きわめて珍しい国なのです。

そして、さまざまな官庁のなかでも、日本経済を復興させるうえでとりわけ大きな役割を果たしたのは、通産省（現・経済産業省）でした。

通産省という役所は、さほど強い権限をもっているわけではありません。担当する業界に絶大な影響力をもつ大蔵省（現・財務省）、運輸省（現・国土交通省）、建設省（現・国土交通省）などと比べれば、通産省に与えられた法律的な権限はたかが知れています。

しかし通産省は、直接的な規制ではなく、産業政策によって大きな影響力を発揮しました。

その政策を実行するうえで重要な役割を担ったのが、いわゆる「財界」です。経団連、経済同友会、商工会議所といった団体は、いずれも通産省の認可団体であり、両者は深いつながりをもっていました。したがって、これらの経済団体には、電力業界や鉄鋼業界など通産省の影響力が強い業界から会長が送り込まれます。

その財界の協力を受けたことで、通産省はリーダーシップを発揮し、日本の産業構造をコントロールすることができたわけです。

その手法は基本的に、「強い企業を作る」というものでした。小さな企業を散在させるのではなく、それぞれの業界の中心的存在となる大きな企業を育てます。

「強きを助け、弱きを捨てる」というわけで、ある意味では残酷な考え方のようにも聞こえますが、日本が欧米に追いつき追い越すためにはそれが必要だったのです。通産省のリーダーシップなしに、国内で小さな企業が競争していたら、今日のような繁栄はなかったと思います。

そんなわけで、ここでは通産省を例に挙げましたが、それ以外のさまざまな分野で、官僚たちが日本の発展に大きく貢献してきたことは間違いありません。

国民の側にも、それが良いか悪いかは別にして、「お役人さんに任せておけば安心」と頼りにする気持ちがあったのではないでしょうか。

しかし、そういった官僚に対する信頼感は、今や地に落ちてしまいました。相次ぐ不祥事やスキャンダルのお陰で、役人はすっかり「悪役」になっています。

もちろん、すべての役人が間違ったことをしているわけではありません。国のために、一生懸命やっている人も多いはずです。でも、これだけ不祥事が続くと、やはりどこか根本的なところで役所の体質が歪んでいると言わざるを得ないかもしれません。

一九九〇年代後半には大蔵省（現・財務省）でさまざまな問題が噴き出し、厚生省（現・厚生労働省）で薬害エイズ事件が大問題になり、また、外務省でも問題が起こりました。

こうなると、国民の多くに「ほかの省庁でも多かれ少なかれ似たようなことをやっているに違いない」と思われても仕方ありません。

外務省の以前には、警察の不祥事が続出したこともありました。先に触れた新潟県警だけではありません。身内の犯罪を隠蔽しようとした神奈川県警、桶川のストーカー事件を未然に防ぐことのできなかった埼玉県警などが、マスコミで激しく批判されたのです。

前述したとおり、そういう一連の不祥事を受けて、警察のあるべき姿を考えるために始まったのが、当時の日本テレビの氏家齊一郎社長を座長とする警察刷新会議でした。

この会議には私も座長代理として参加し、警察のもつ閉鎖性、身内をかばう体質、自浄能力の欠如、モラルの低さ、キャリアとノンキャリアの格差をはじめとする人事面の問題などについて議論し、提言を行いましたが、今から思えば、これらの問題は警察だけのものではなく、広く日本の役所全体を覆っているように感じられます。

なぜ、日本の役所はこのような状態になってしまったのでしょうか？

その背景にあるのは、前章でも触れた前例重視の姿勢からくる「ことなかれ主義」だと私は思っています。

しばしば指摘されるように、役所の人事評価は減点主義で行われるので、出世しようと思ったら、手柄を立てることよりミスをしないことを心がけなければいけません。そのため、自然と仕事への取り組み方が消極的になってしまいます。

何か解決すべき問題があっても、前例のないやり方にチャレンジして失敗するより、前例を踏襲して責任を回避したほうがいい、という考え方になるわけです。

このような姿勢が役所から活力を奪い、ひいてはその役所に依存してきた日本社会全体の活力を奪ってきたのではないでしょうか。

かつては日本をリードしてきた役所が、今はその「ことなかれ主義」によって日本の頭を押さえつけている。そんなふうに見ることができるような気がします。

「民」主導の健全な競争社会を目指す——

ならば、役所の体質改善を図る一方で、日本を「官」主導から「民」主導の世の中に切り替えることをもっと考えるべきだと思います。今は、その過渡期を迎えているともいえます。

そういう時期に、民間人として政府関係の仕事に関わり、公共施設の運営に携わっていたわけですから、できるだけスムーズに「官」から「民」への移行が進むよう橋渡しするのが、当時の私の使命と思っていました。

そもそも、仮に役所が国民の信頼を失っていなかったとしても、「官」主導の産業政策はもはや過去のものになっています。企業が「官」の規制と保護を受けながら成長していく時代は、すでに終わりました。

ある時期までは有効だった護送船団方式の保護政策は、今や「悪平等」の弊害を生じさせています。日本はいつの間にか、「公平」や「平等」を重視しすぎたあまり、努力をしようがしまいが同じ結果が得られる世の中になってしまいました。

何も努力しなくても十分な処遇をしてもらえるなら、リスクを負って新しいことにチャレンジする意欲は湧きません。それこそ「ことなかれ主義」に陥ってしまうわけで、これが企業から活力を奪うのは言うまでもないことです。

長い低迷を続けている日本経済を活性化するためには、それぞれの企業が旺盛なチャレンジ精神をもち、競争を通じて切磋琢磨し合うことが必要です。そして、努力した者が報われるような環境を整えなければ、そういう競争は生まれません。

だからこそ、私が議長を務めた経済戦略会議では、「健全な競争社会の実現」という大テーマを掲げました。単なる「弱肉強食」になってはいけませんから、広くセーフティネットを張りつつ、悪平等を排していく。それが「健全な」という言葉の意味です。

そういう競争社会を作るには、何でもかんでも「官」が仕切るのではなく、「民」に任せるべきところは任せるべきだと思います。

「官」による規制に縛られていたのでは、「民」が自主性を発揮し前例のないことに挑戦するメンタリティをもつことができません。役所の権限を抑制し、自由な環境を与えることが不可欠なのです。

そのため経済戦略会議では、「小さな政府」を標榜し、それを実現するための規制緩和を提言しました。

規制緩和というのは、八〇年代半ばの中曾根内閣の時代から取り上げられていた問題です。そこに焦点が当てられたきっかけは、外圧でした。当時は東南アジア諸国が戦後の日本を見習って工業化政策を成功させた時期なのですが、日本市場に一万一〇〇〇件も存在した規制が、彼らの対日輸出を邪魔していたのです。

それで東南アジア諸国だけでなく、アメリカからも規制撤廃を求める声が上がったのですが、別の部分で貿易不均衡が少しずつ解消されていったため、規制緩和の問題はうやむやになってしまいました。プラザ合意の成立後に急激な円高とバブル経済が起こり、規制を緩和しなくても日本の輸入が増えたわけです。

バブル崩壊後、こんどは民間活力の導入という視点から再び規制緩和問題が取り上げられるようになりました。しかし官僚機構の抵抗が強く、規制緩和はなかなか進みません。

私は、一九九五年から通産省管轄下の輸入協議会の委員を務めていましたが、当時この協議会の報告では、年間一〇〇〇件ずつ規制が撤廃されることになっていました。計画どおり進めば、一万一〇〇〇件の規制が三年で八〇〇〇件まで減る計算になります。

しかし、それはまさに机上の空論のようなものでした。たしかに年間一〇〇〇件の規制が撤廃されはしたものの、一方で新しい規制が一〇〇〇件できていたのです。これではまるで、賽の河原で石を積んでいるようなもの。かくのごとく、規制緩和とは一筋縄ではいかない難しいテーマなのです。

その後、三菱重工業の飯田庸太郎会長（当時）が委員長を務められた行政改革委員会（通称・

飯田委員会）が、規制項目を七二〇〇件にまで減らすことに成功しましたが、それを引き継いだ宮内委員会（オリックス宮内義彦社長を委員長とする行政改革委員会）は、さらに強い官僚の抵抗を受け、委員会のスタッフも削減される始末。一時は資料を収集するための人手にも事欠くという事態にまで追い込まれたといいます。

二三四項目に及ぶ経済戦略会議の提言は、こうした規制緩和をめぐる長い闘いの末に生まれたものだといえると思います。今こそこれを現実のものにしなければ、「民」主導の健全な競争社会を作ることはできません。

「小さな政府」の実現に不要なもの――

また、「小さな政府」というからには、公務員の数も減らす必要があります。これは、財政再建のためにも避けて通ることのできない課題です。

ただし実を言うと、日本の国家公務員の人数は、諸外国と比べて必ずしも多いとはいえません。絶対数はともかく、人口比で考えれば、日本より多い国はいくらでもあります。

それでも日本が「公務員天国」などと言われるのは、地方公務員の数が多いため。これを加えると、世界でいちばん役人の数が多いと言われるフランスと同じぐらいの公務員数になってしまいます。

そういう意味でも、市町村合併による地方行政の合理化が求められたといえます。

さらに、それより問題なのは、法律上は公務員にカウントされない「実質的な公務員」が多いことです。特殊法人や官公庁の外郭団体などの職員が増えています。しかも、こうした半政府的な機関は、国の財政に負担をかけているだけでなく、人材やビジネスチャンスを民間から奪っているという問題点もあります。

これも「官」による規制と同様、「民」の頭を押さえつける障害物になっているといえると思います。もちろん、前にも述べたとおり、すべての特殊法人が民間の邪魔をしているわけではありません。簡易保険のように、必ずしも「民業圧迫」とはいえないものもあるからです。しかし、明らかに民業を圧迫しているものが多いことも事実。健全な競争社会を築くためには、役所や特殊法人が担うべき仕事と、民間に任せるべき仕事をきちんと区別しなければいけません。

では、どうして特殊法人や外郭団体が減らず、むしろ増えてしまうのでしょうか。

それは言うまでもなく、こうした機関が官僚の天下り先として利用されているからです。退職した官僚たちの再就職先を確保するために、次々とそれらの機関が作られてきました。現役官僚としては、自分の将来を大きく左右する問題ですから、おいそれと潰すわけにはいかないのです。

それがここ数年、世間でも厳しく批判されているわけですが、天下りを「けしからん」と言っているだけでは問題の解決になりません。天下りを防止しようと思ったら、官僚たちが天下りをする必要がないようなシステムを作る必要があります。

早い話、年金を受け取れる六五歳まで、公務員が公務員として働ける雇用システムがあれば、わざわざ特殊法人を作って天下りをする必要など、なくなるのではないかと思います。

二〇年ほど前まで、いわゆるキャリア官僚は、大半が五〇代の半ばで退職していました。というのも、そのぐらいの年齢で同期の一人が事務次官になっていたからです。同期の出世頭がトップに上り詰めれば、それ以外の同期生は退職しないと、ピラミッド型の組織は保てません。

五〇代半ばといえば、まだまだ働き盛りですから、再就職先を求めるのも当たり前。そのため彼らは、次々と特殊法人などに天下っていきました。理事長に就任すれば、だいたい八年はそこに勤めます。

さらに、そこを退任すれば、また次の天下り先がある。そうやって、七五歳ぐらいまでの居場所が確保されているわけです。しかも役所を退職したときも含めて、職場を移るたびに三回も四回も多額の退職金を受け取るケースも少なくありません。

官庁には勤続三〇年表彰という制度があるのですが、こういう仕組みになっているので、かってはそれを受ける人が各省庁に一人か二人しかいませんでした。勤続三〇年になる前に、みんな退職していたからです。

再就職先が十分にあり、退職金もたくさんもらえるのですから、表彰を受けるまでがんばろうなどと思うわけがありません。

ただし最近は、昔よりも勤続三〇年表彰を受けるキャリア官僚が増えてきました。以前よりも昇進のスピードが遅くなってきたため、その年齢になっても同期から次官が出ないことが多くなったからです。五〇代半ばだと、今はだいたい局長クラスだと思います。

しかしいずれにしろ、再就職を必要とする環境がある以上、天下りを根絶することはできません。そのため経済戦略会議では、公務員がずっと公務員のまま働けるよう、定年を六五歳まで延長するよう提案しました。

こうした思い切った改革をしなければ、「官」が「民」の頭を押さえつけるような仕組みを変えることはできないと思います。

自ら「ハンマー」を振るう勇気を――

こうした雇用システムの改革に加えて、地方を含めた公務員の人数に関しては、五年間で二五パーセント削減するよう、小渕元総理に提案しました。小渕内閣では当初、「一〇年間で二〇パーセント削減」という方針を打ち出していたのですが、その期間をもっと短縮し、削減幅も増やすよう求めたのです。

この目標を、今後の内閣にもきちんと実行していただきたいと思います。

さらに言うなら、そこには官僚自身の行動も必要です。これは経済戦略会議の仕事を通じてつくづく感じたのですが、規制緩和や行政改革といった大がかりなプランは、民間の学者や経済人の力だけで実現できるものではありません。

不可能とは言いませんが、どうしても無理が生じてしまいます。先ほども述べたように、官僚の抵抗が非常に強いからです。

したがって、官僚たちが自ら手を下そうと決心しない限り、根本的な改革にはならないと思います。改革に伴う「痛み」に耐えなければいけないのは、一般国民だけではないということです。

官僚が「痛み」を引き受ける覚悟を決めたとき、この国の構造はがらりと変わるのではないでしょうか。

誰でも自分のクビを絞めるようなことはしたくありませんから、「そんなことを期待しても無駄だ」と思う人もいるかもしれません。

しかし、たとえばアメリカはそれをやりました。クリントン大統領時代、アメリカは行政改革と規制緩和のためにNPR（ナショナル・パフォーマンス・レビュー、国家業績レビュー）という組織を発足させましたが、そのメンバーには連邦政府の官僚が二五〇人も入っていたのです。官僚以外は、わずかに公認会計士や弁護士などが含まれていただけ。

官僚自身に、不要な法律を撤廃させ、政府の人員削減を行わせるという、実に思い切ったやり方でした。

このNPRの活動によって、アメリカ連邦政府の職員は一七パーセント近く削減され、一六万八〇〇〇ページもの文書が「不要」と判断されて廃棄処分になったといいます。

「やればできる」と言うしかありません。

この改革にあたって、人員削減などに関する大胆なアイデアを提案した官僚には、クリントン大統領のもと、ゴア副大統領から「ハンマー賞」という特別報奨が与えられました。自ら「痛み」を覚悟して、頭上にハンマーを打ち下ろした「勇気ある人間」を讃えたわけです。

すると、どうなったか？　ハンマー賞を獲得した官僚のところには、民間企業からのヘッドハンティングが殺到しました。それはそうだと思います。

それほどの勇気と大胆な行動力があれば、優秀な人材を求めている企業が放っておくはずがありません。なかには、引き抜かれたことで給料がそれまでの五倍になった人もいたそうです。

日本も、このアメリカのケースに学ぶべきではないでしょうか。自らの保身を考えず、あえて自分自身に向けてハンマーを振るう勇気をもった人間は、アメリカだろうが日本だろうが賞賛されてしかるべきです。

もちろん、そんな官僚の登場を促すには、「民」の側も意識を変える必要があると思います。常に「官」と「民」の間で人材が行き来しているアメリカと違い、日本では両者の間に心理的な垣根がそびえ立っています。

したがって今のままでは、たとえハンマー賞レベルの官僚が現れても、民間からヘッドハンティングが殺到するようなことは考えにくいのではないでしょうか。それでは官僚も、保身に走るほうを選んでしまいます。

民間企業としては、長い間、高圧的に自分たちを管理してきた官僚への恨みもあるとは思います。しかし、ここは一つ発想を切り替えて、優秀な人材を受け入れる姿勢をもってもいいのではないかと思います。

実を言うと、こうして公務員の削減を推進している私自身、自ら「ハンマー」を振るっているような面があります。私は民間人ですが、身内に役人がいるからです。

私には二人の娘がいるのですが、いずれも官僚のところへ嫁ぎました。一人は財務省、もう一人は外務省。

当然、彼らも場合によっては、削減の対象にならないとも限りません。それぞれ子どももいますから、正直な話、私としては自分の孫のクビを絞めているような気分になることもあります。

でも、そんなことを言っている場合ではありません。日本の将来を考えれば、「官」から「民」への移行を押し進めるしかないのです。

過去の悪弊をなくす――

もともと日本の役所には、民間でも十分にできることを、何から何まで自分たちでやりたがるという悪い癖があります。

たとえば、刑務所。服役囚の管理や指導などは、もちろん役所がやるべき仕事ですが、刑務所の建物を役所が建設する必要はどこにもないと思います。

つまり、刑務所のソフトウエアに当たる部分は「官」の役割であっても、ハードウエアは「民」でも作れるということ。壁の厚さや塀の高さなどを決めて設計図を渡せば、民間企業はそのとおりに作ってくれるはずです。

完成した建物は、国で買い取る必要はありません。法務省が、その建物のオーナーに家賃を払って借り受ければいいのです。こうすると、刑務所に関わる財政上の支出は大幅に削減できるのではないでしょうか。

実は、これが経済戦略会議の答申でも取り上げた「ＰＦＩ（プライベート・ファイナンス・イニシアチブ）」という手法です。

ＰＦＩとは、これまで中央政府や地方自治体を含めた「官」が行ってきた仕事に、民間企業の力を導入すること。刑務所の例で示したように、公的施設の建設や運営に民間資本を導入することのほか、政府や自治体の業務を民間に委託することや、ＮＰＯ（特定非営利活動法人などの非営利団体）を活用することなども含まれます。

このＰＦＩをもっとも積極的に活用しているのは、イギリスだと思います。私もＰＦＩの現状を視察するために、イギリスを訪れたことがあります。その時点で、進行中の案件が国と地方を合わせて五〇〇件近くあると聞きました。

ＰＦＩがもたらす最大のメリットは、やはり経費が安く上がることです。

イギリスの場合、「民」が作った建物を「官」が借りるスタイルにすると、全体にかかる実費が、平均で一一パーセント安くなったとのことでした。

費用対効果のこともろくに考えない役所とは違い、民間企業は賃貸収入の利益を最大化するために、合理的なやり方を徹底するわけですから、それも当然です。

ですから、財政赤字にあえいでいる日本としても、これを活用しない手はありません。しかも、日本の民間企業はすでにそのノウハウをもっています。実は、イギリスのPFIプロジェクトでは、その立案に日本企業が深く関わっているのです。

先ほど、進行中の案件が五〇〇件あると書きましたが、その三分の二は、日本の商社と銀行がタッグを組んで提案したもの。

たとえば、イギリス西部のカーディフという町では、三菱商事の提案した港湾施設がすでに着工していましたし、その後背地の住宅開発には、住友商事の提案が採用されていました。

そういうわけで、近年は日本国内でも、PFIによる公共用地の開発が始まりつつあります。財政赤字は国だけの問題ではなく、地方自治体も莫大な借金を抱えているところが多いのですから、今後もこのPFIをより広く浸透させ、「民」の力を借りながら支出を減らす努力をしていくべきだと思います。

官も民の金銭感覚を身につけよ――

PFIの導入を検討する以前に、その建物自体が本当に必要なのかどうか疑わしいケースも少なくありません。

刑務所や港湾施設などは世の中に欠かせないものですから、「官」がやるか「民」がやるかは別にして、誰かが造らなければいけないはずのものです。しかし、役所の造る建物のなかには、「なぜ今これをここに?」と首をひねってしまうものがあります。

とかく世間から批判の多い「ハコモノ行政」ですが、実際、東京都の問題や市町村合併の仕事に関わっていたことから、役所がいかに無駄な建物を造っているかということを痛感させられました。

自分が館長をやっていた手前、あまり悪く言いたくはありませんが、たとえば東京都現代美術館も、すでにくり返し述べたような役所本位の事情で、ひどく不便な場所に建てられました。

場所の善し悪しを論じる前に、そもそも新しい美術館が必要だったのかという問題もありますが、これが立案された当時は、財政にも文化事業にお金を出すだけのゆとりがあったのだと思います。

しかし、たとえ資金に余裕があり、その事業に文化的な意義があったとしても、あの場所に美術館を建てるという発想は、少なくとも民間企業の感覚では出てこないものだと思います。

ビジネスとしてやる以上、人が集まらなければ話になりません。むしろ、文化事業には採算を度外視してもやらなければならないものもありますが、それにしても、できるだけ収入を得られるような方策を考えるのが当然です。

一方、同じ東京都の東京国際フォーラムなどは、初めから造るべきではなかったと思います。とくに必要性も感じられず、採算を度外視するほどの社会的意義もない施設が、年間七〇～八〇億円もの赤字を出している。これほど納税者をバカにした話はありません。

また、これはどの都道府県でも似たり寄ったりですが、区や市のレベルでも無駄な施設はたくさん造られています。同じような公民館や音楽ホールや写真館が、どの市町村にもあります。しかも、どれもこれも有効に利用されているとは思えません。

それぞれ首長を選挙で選ぶ独立した自治体であるとはいえ、さほど広くない範囲に同じ施設が重複して建っている状況を見ると、なんとも効率が悪く思えて仕方ありません。

近隣の市町村が合併すれば、こういうことにはならないわけですが、合併していない現状でも、A町で音楽ホールを造ったら、隣のB村では写真館といった具合に、お互いに調整し合って統一性のある計画を立てることは可能なはずです。

ところが、役所は何事も縦割りで横のつながりが薄く、それぞれ縄張り意識が強いせいか、そういうことができません。放っておけば、これからも無駄な文化事業に貴重な税金が浪費されていくことになるかもしれません。

そういったことを考えると、今後は文化事業に関しても「官」から「民」への移行が必要だと私は思います。「官」が文化を担っている限り、中身の伴わない空虚な「ハコモノ」はなくならないのではないでしょうか。

これ以上、無駄な財政赤字を増やさないためには、文化事業にも「民」の感覚が絶対に必要です。

それに、経済戦略会議が提唱した「小さな政府」を目指すならば、「官」の仕事は必要最小限に抑えなければいけません。どうしても「官」がやらなければならないものだけ残して、それ以外はほかに任せる。その場合、最初に役所が手放すべきなのは、やはり文化事業ではないでしょうか。

文化施設というのは、それがないと人々の生命や財産が脅かされる、といった類のものではありません。文化施設がないと死ぬという人はいない。

もちろん、私自身は絵も音楽も好きですから、その価値は十分に理解しているつもりです。人間がより豊かに暮らすには、やはり音楽や芸術があったほうがいい。しかし、それは「あったほうがベター」というだけであって、「ないと困る」というものではありません。

少なくとも、食糧、警察、消防、医療などに比べれば、優先順位は格段に低いといえると思います。

そういう仕事を、果たして「官」が行う必要があるのかどうか？

社会が文化的に遅れていた時代なら、話は別です。文化的な成熟度は社会全体のレベルとも深く関わっていますから、国としても文化的な後進性を放っておくことはできません。国民教育の一環として、役所がその啓蒙に努めるのも当然だと思います。

しかし今の日本は、もうそういう時代ではありません。音楽、美術、スポーツなど、どの分野にも世界に誇れるような文化人が現れていますし、文化に対する人々の意識も相当に高まってきました。

誰も喜ばない文化施設などを見ると、むしろ役人の意識のほうが遅れているのではないかと思えるほどです。

ならば、よりレベルの高い文化を創造するためにも、「民」の力を活用したほうがいいのです。伝統文化のなかには国による保護・育成が必要なものもありますから、すべて手を引くべきだとはいいません。しかし、何から何まで「官」が面倒を見る時代は、とっくに終わっていると思います。

バランス感覚を見極めて――

もっとも、文化事業を誰が担うべきかについては、さまざまな議論があるのも事実です。たとえばアメリカでは、ハーバード大学の一部の学者を中心に、「やはり税金を使って行政主導でやるべきだ」という意見も出てきました。

この意見のベースにあるのは、「民間が自分の趣味嗜好にしたがって文化事業を行うと、中身が偏ってしまう」という考え方です。

たとえば、音楽の好きな企業経営者は、社会が美術館を必要としていても、それには興味を示さずにコンサートホールを造ろうとします。しかも、そのホールに自分の名前を冠したりすることもあります。これでは、社会のための文化事業ではなく、個人のためのものになってしまう、というわけです。

たしかに、民間企業がそれぞれバラバラに文化事業を行えば、社会が求めているものが過不足なく提供されるとは限りません。人気があって、ビジネスが成り立ちやすい分野ばかりに集中して、不人気な分野がますます衰退してしまう恐れもあるのです。

また、施設やイベントの名称に個人名や企業名を冠することによって、文化事業というよりは企業の宣伝活動の一環にしか見えないものも少なくありません。

そのため、私の知り合いの財界人のなかにも、企業の文化活動に疑問を呈している人はいます。

「直接、企業が文化事業にお金を出す必要はない。税金をたくさん納めて、それをどのように文化事業に使うかは役人に任せるべきだ。そうやって、企業は間接的に文化への貢献を果たたせばよい」という考え方です。

もちろん、それも一つの見識ではあると思います。企業の文化に対するスタンスとしては、決して間違っていません。

しかし、それでは今までのやり方と同じです。それを続けていたのでは何も変わらないでしょう。税金の使い方を役人に任せた結果、無駄な文化施設が林立するという状況になってしまったのですから、何かやり方を変えるべきだと思います。

それに、「民」がやると事業の中身が偏りやすいと言いますが、「官」がやればバランスが保たれるというものでもありません。現状を見ても、人々の求めるものが過不足なく提供されているかどうかは疑問です。

「比較的多くの人が欲しがる施設を造っておけば無難だろう」とか「隣の市町村にもあるから同じものを」という発想でやっているので、数だけ見れば十分すぎるほどあるものの、その一方で蔑ろにされている分野もたくさんあるのではないでしょうか。

そんなことになるぐらいなら、基本的には民間に任せて、そこからこぼれたものだけを「官」が拾うという形にしたほうが、全体のバランスは保たれます。

私は、「官」が文化事業からいっさい手を引くべきだと言っているのではありません。何でもかんでも引き受けるのはやめて、必要最小限の仕事だけやれば良いと言っているのです。

その場合、もちろん企業の側にも文化事業に対する意識改革が求められるはずです。自分たちの好みばかり優先するのは戒めなければいけませんし、文化活動と宣伝活動の間に一線を引くことも必要です。また、企業同士がお互いに連携して、なるべく偏りが生じないようなシステムを作ることも考えなければなりません。

「感謝の心」を伝えるＣＳＲ――

私は以前から、これからの企業が社会のなかで存続していくためには、もはや唯我独尊的な企業中心主義は許されない、と考えてきました。

企業に対する社会の要請や期待は、時代とともに変化します。企業の役割は、質の高い商品やサービスを世の中に提供することだけではありません。もちろん、それさえもできないのでは話になりませんが、どんなに良い商品を生産していても、一方で社会に迷惑をかけるような行為をしていたのではいけないのです。

たとえば、かつての公害問題がそうです。そのため以前は、企業に「社会的責任」を果たすことが求められました。利益を追求するだけでなく、社会との関わりのなかで自らの責任を果たすことが、正しい企業のあり方だと考えられたわけです。

ただし、そこで言われた「責任」とは、社会にプラスをもたらすようなものではなく、企業が世の中に与えたマイナスを埋めるだけのものだったといえるかもしれません。公害問題だけでなく、儲けすぎに対する世間からの風当たりも強かったため、いわば企業に対するペナルティのような形で「社会的責任」の遂行が求められたのだと思います。

したがって、それを果たしただけで十分だとは私は思いません。

良い商品やサービスを提供し、それによって生じるマイナスを埋めるところまでは、やって当たり前のことです。社会に害悪を流すような企業は、潰れて当然。公害を出すぐらいなら工場を造らないというのが、社会とつきあっていくうえでの最低限のルールです。

ですから、私はアサヒビールの社長時代、「工場建設は排水処理から考えなさい」と指示していました。

ともあれ、社会的責任を果たしたぐらいで胸を張ってはいけません。社会からの期待に応えるには、マイナスを埋めるところからもう一歩踏み込んで、世の中にプラスをもたらすような役割を演じるべきです。

企業は、商品の生産から流通にいたるまで、社会と密接な関係で結ばれています。単に自分たちのことを中心に考えているだけではいけません。いろいろな人たちに支えられて存在しているわけですから、社会で暮らすすべての人々に対する感謝の念を、何らかの形にして示す必

マスコミ懇談会にて（写真提供：新国立劇場）

要があります。

　そこで社会から期待されるのは、企業市民として、人々の暮らしを豊かにするような何かを提供することです。これは、どちらかというと消極的な響きのある「社会的責任」ではなく、より積極的な意味を込めて「社会的貢献」と呼ぶべきだと思います。

　責任を全うしただけでは、要するに通常の義務を抜かりなくこなしただけのことですから、感謝の気持ちを表したことにはなりません。「みなさんのお陰です」というメッセージを伝えるには、通常の業務を越えたところで社会に貢献しなければいけないのです。

　そして、その社会的貢献の一つのあり方がＣＳＲであり、メセナ・文化事業なのではないでしょうか。

　利益を追求するばかりでなく、世の中を豊かにする文化を支えることに、企業のもっている力の一部を割く。むろん、貢献とは業務を越えたものですから、宣伝活動を兼ねたイベントや施設の建設はこれに含まれないと考えるべきです。そういうビジネスツールの一つとしてではなく、損得勘定とは無縁なところで文化事業に乗り出すことで、はじめて企業は社会からの要請に応えられるのではないかと思います。

　たとえば、アサヒビールには「企業文化部」（現・環境社会貢献部）というセクションがあります。これは、私の言う「社会的貢献」を果たすことを目指して設けられたものでした。

青年海外協力隊をはじめ、国内外のボランティア活動に出かける社員の窓口になっているのも、この企業文化部。アサヒビールにとっては、一文の得にもならない仕事をする部署ですが、存在価値はたいへん大きいと自負しています。

また、一九八九年に完成した吾妻橋の本部ビルは、一階ロビーが地域の人々に自由に使っていただける公開スペースとして設計されました。夏の暑い日など、近所のお年寄りが孫を連れて夕涼みに来る姿などを見かけます。

ソファを置き、美術品を展示して、彫刻作品には手で触れることもできるようにしました。二カ月に一度、無料のロビーコンサートも開催しています。

ささやかな社会貢献ではありますが、こうした企業の文化活動は、あまり無理して背伸びをせず、できることから一つずつ積み重ねていくことが大事だと思っています。

行動しやすい「流れ」を作る――――

ただし今のところは、そういう努力を積み重ねる以前に、社会貢献の役割を自覚していない企業が多いのが現状です。より多くの企業が、「感謝の心」をもって自ら一定の役割を果たすようにならなければ、「官」になり代わって日本の文化を力強く支えることはできないと思います。

そして、これは放っておけば自然に流れができるようなものではありません。文化事業を従来の「官」主導から「民」主導に切り替えるのは、それ自体が一つの大事業です。各企業が、社会的貢献の役割を自覚するのを待っているだけではいけません。

この切り替えを実現するためには、先ほども述べたように、企業同士が連携してお互いに社会貢献を促し、無駄のない文化事業が行われるようなシステムが必要です。すべてを個々の企業に任せるのではなく、誰かが旗を振ってリードすべきだと思います。

そういう流れを作るために活動している機関の一つが、私が当時会長を務めていた「社団法人企業メセナ協議会」です。

ここでは、各企業にさまざまな文化事業への援助などをお願いしていますが、それは決して強制的なものではありません。

協議会でリストアップした各種の事業を整理して、「今はこういうところが手助けを求めています」「免税措置はこうなっています」とメニューを提示して出資を促す、いわば紹介業のようなものです。

協議会のほうから「これにしてくれ」と言うことはなく、選ぶのはそれぞれの企業ですから、たいへん自由度の高いやり方といえます。社会貢献は他人から押しつけられる筋合いのものではないので、企業の自主性や主体性を大切にしなければいけません。

しかし一方で、全体のバランスが偏らないよう、ある程度のコントロールも必要になります。それを両立するうえで、メセナ協議会のやり方は一つの有効な手法だと思っています。

さらに、このメセナ協議会とは別に、経団連では一九九〇年に「１％（ワンパーセント）クラブ」という機関を設立しました。

これは名称どおり、会員となった企業や個人に、経常利益や可処分所得の一パーセント以上を社会還元してもらおうというものです。

こちらも社会貢献活動に関する情報を提供したり、市民活動団体をはじめとするＮＰＯと企業を結びつけるなどのコーディネートを行ったりしていますが、その一方で、まずは社会貢献活動に対する理解を深めてもらうことを重視しているのが特徴です。

多くの企業に社会貢献の精神を根付かせることが第一の目標であり、「最低一パーセント」というハードルを設定したのも、そのほうが自分の役割を具体的に認識できるからです。

このように、「民」主導の文化事業の流れを作る作業は、さまざまなところで進行しています。今後も、その流れを太く力強いものに育てていかなければいけないと思います。

こうした機関以外に、たとえば自然保護基金のような場を通じて社会貢献を果たしていくのも、企業にとっては一つの選択肢になるのではないでしょうか。

多くの資源を海外に依存している日本企業としては、国内の自然保護だけでなく、国外の自然を守ることも重要な役割です。

「感謝の心」を捧げる対象は、自分の国だけではありません。ちなみに私も先日、自然保護基金の仕事でタイまで行き、マングローブの植林をやってきました。

ひとくちに文化事業といっても、その範囲は実に広いものです。さまざまな場所で、さまざまな分野の人々が、保護や援助を求めています。

そこに広く目配りをし、バランスよく支えていくには、多様な価値観や視点をもった人々が、横のつながりを保ちながら進んだほうがいいと思います。

そういう意味でも、一つの方向に凝り固まりやすい「官」が情報と資金（税金）を集中管理して再配分していく従来のやり方よりも、いろいろな指向性をもった「民」が緩やかに連帯して網を広げていったほうが、豊かな文化の醸成に役立つのではないでしょうか。

第5章

人と人をつないで「場」を作る

専門家になれなくても接着剤にはなれる――

企業の文化事業もそうですが、何か大きなエネルギーを必要とする改革を始めるときには、一つひとつの具体的な問題への取り組み方を考える以前に、まずは多くの人々がそれに取り組みやすい環境を整え、ポジティブな方向に進みやすい「流れ」を作ることが大事です。それがないまま物事を始めると、大きな岩を動かすようなパワーは生まれません。一つの流れができていれば、その方向を信じて、不安を抱かずに前進できます。

そして、そういう環境や流れを作るのが、たとえばメセナ協議会や1%クラブといった「横のつながり」です。個々の人々がバラバラに取り組んでいるだけでは、たとえ各自が強い問題意識をもっていたとしても、大きな流れにはなりません。

しかし、個々の行動を束ねる「場」を用意してやれば、そこがいわば「源流」となって、改革の推進力が生じます。

そういう意味では、たとえば政府関係の懇談会や審議会のようなものも、最終的に出される答申や提言が大事であることは言うまでもありませんが、まずは討議する「場」をセッティングして流れを作った時点で、一定の意義があるといえると思います。

私はこれまで、防衛問題懇談会、経済戦略会議、警察刷新会議などをはじめ、さまざまな公職に就いてきました。しかし、必ずしもそこで取り上げられるテーマに精通しているわけではありません。

たとえば防衛問題にしても、基本的には素人です。私は企業の経営者であって、学者でも評論家でもありませんから、それについて深く勉強したことはありませんでした。

もちろん、自分なりに朝鮮半島との関係などに関心を抱き、国防の重要性について強い問題意識をもっていましたし、だからこそ懇談会の座長も引き受けたわけですが、自ら「国防はかくあるべし」と主張できるような知識はもち合わせていなかったのです。

警察の問題も同じ。

刷新会議のメンバーになってからは、資料や情報を集めて各国の警察制度がどうなっているのかを調べたりしましたが、もともとは専門家でも何でもありません。ただ、子どもの頃から警察官をとても尊敬していましたし、警察官になった友人にも実に立派なイメージをもっていたのは事実です。

その警察が「不祥事のデパート」などと言われるのは非常に残念であり、市民を守る警察がおかしくなったのでは、日本がダメになってしまうと思ったので、その仕事を引き受けました。

経済戦略会議に関しては、私も銀行に何十年も勤め、企業の経営者としても仕事をしてきましたから、まったくの素人というわけではありません。しかし、専門家かと訊かれれば、それほどのものでもない。いろいろ意見はありますが、体系的な理論を身につけているわけではないのです。

そんな具合に、私はどの会合でも、専門的な知識や画期的なアイデアを提示するような立場ではありません。

それでも何かしらお役に立てている部分があるとしたら、人と人をつないで「場」を作る能力ではないでしょうか。私には特別な才能も何もありませんが、そういう接着剤のような役割は、自分でもわりと得意なほうだと思っています。

議長や座長といったポジションを与えられることが多いのも、おそらくはそういう働きを期待されてのことかもしれません。なにしろ専門家ではないのですから、そうでも考えなければ頼まれる理由がわかりません。

お膳立てをしたところで仕事の半分は終わり――

実際、議長や座長というのは自分が勉強していなくても務まる楽な仕事です。

その分野について詳しいことを知らなくても、それについて勉強している人を知っていればいいのです。

適任者を集めて「場」を作ったら、あとはみんなの話を聞きながら、たまにちょっと気の利いた合いの手でも入れていれば、万事うまくいきます。

進行役というのは、少し慣れてくればコツがつかめるものです。誰かが何か発言したとき、「なるほど。いや、それは面白いなぁ」とでも言って、ほかの人に「そう思いませんか？」と水を向けていれば、話の流れをまとめたり広げたりできます。ですから、何も難しいことはありません。

むしろ接着剤役としては、会議の表側よりも裏側で、メンバーの「上司」として細かく気配りすることのほうが大事なのです。前にも述べたとおり、上司がいちばん心がけなければいけないのは、部下が思い切り働ける環境を作ることです。

優秀な部下には、あれこれ指図するよりも、悩みや心配事などの「重し」を取り除いてやることで力を発揮させたほうが、仕事がうまくいくと私は思っています。

会議のメンバーは決して私の「部下」というわけではありませんが、とりまとめ役としては、それと同じ働きをすべきだと思います。

たとえば、公的な懇談会や審議会の場合、世間の注目度も高いので、ときおりメンバーがマスコミから批判されることがあります。むろん、メンバーたちはその道のプロとして仕事をしているので、会議のテーマに関わる批判には簡単に挫けたりしません。しっかり反論するのも仕事のうちです。

しかしなかには、心ないマスコミから本題とは関係ないプライベートな問題で叩かれて、落ち込んでしまう人もいます。これは放っておけば会議の「流れ」が滞ってしまいますから、そのフォローをするのも議長の役目です。

実際、叩かれてしょげているメンバーを「少し休んだほうがいい」と慰めたり、バッシングに負けて「辞めたい」という人を叱咤激励したことも少なくありません。

もっとも、そういう役回りは昔からずっとやってきましたので、私にとっては慣れたもの。とくに苦労だとは感じません。

したがって、私にとって大事なのは、会議が始まってからの仕事よりも、会議を開く前のお膳立てのほうだといえます。

たとえば警察刷新会議のときは、当初、私が座長になるよう頼まれていました。でもこの問題は、情報の収集力も発信力もあるマスコミ関係者に仕切ってもらったほうがいいと思って、まずは読売新聞の渡邉恒雄社長（当時）のところに話をもちかけたのです。

しかし、渡邉さんは「忙しくて無理だ」とおっしゃいます。そこで私が「では誰か推薦してください」と申し上げたら、「最適任者は氏家だ」とのことで、私もそれに賛成して座長として推薦させていただきました。

そこに中坊公平さん、ジャーナリストの大宅映子さん、元内閣法制局長官の大森政輔さん、さらに顧問として元副総理の後藤田正晴さんにも加わっていただいたことで、バランスの取れたメンバー構成になったと思っています。

経済戦略会議の場合は、会議全体の枠組みを決めたところで、私の仕事は半分ぐらい終わっていたようなものです。あの会議では、テーマ別に四つのワーキンググループを設けていました。

それぞれの主査として作業をリードしてくれたのは、第一ワーキンググループ（テーマ＝「経済回復シナリオと中期財政見直し」）が慶応大学の竹中平蔵教授、第二（テーマ＝「新しい競争社会の構築とセーフティ・ネットの整備」）が一橋大学の中谷巌教授、第三（テーマ＝「二一世紀型インフラの整備と私的・公的イニシアティブ」）が東京大学の竹内佐和子助教授、第四（テーマ＝「バブル経済の本格清算と新しい産業活力」）が東京大学の伊藤元重教授です。（肩書はすべて当時のもの）

この四人の学者の方々が、自分の持ち場をしっかり区切ってくださったお陰で、私は本当に楽をさせていただきました。

途切れている輪をつなげる――

長くストップしていたプロジェクトが、人と人をつないで「場」を作ったとたん、実現に向けて動き始めることもあります。

たとえば、石原都知事が就任した当時、東京都には電車を通すために掘った穴が二つも放置されていました。一つは都営地下鉄一二号線（現在の大江戸線）、もう一つは常磐新線（現在のつくばエクスプレス）のために掘ったものです。

私が、石原知事の要請で「東京の問題を考える懇談会」のメンバーになってから、先に「どうしたらいいだろう」と相談を受けたのは、都営一二号線のほうでした。すでに新宿―光が丘間は開通していましたが、いろいろな問題があって、六本木や月島などを通る都心の環状線部分がストップしていたのです。

最大のネックになっていたのは、言うまでもなく工事費の問題。

石原知事は、就任してすぐ「これは最初からやるべきではなかった」と思ったそうです。本当は中止したかったのですが、もう穴も掘ってしまっているし、今さら止めるわけにはいきません。それで私に相談をもちかけてきたわけです。

しかし、どうするもこうするも、私が考えたところで妙案が浮かぶはずもありません。そこで、とりあえずは「話し合うのが一番」と、大手建設業者の社長たちに集まってもらうことにしました。石原知事と建設業者の間には接点がなかったので、私が間に立ってセッティングしたのです。

それ以降、懇談会のようなものを作っていろいろと議論をしたようですが、私は最初に「接着剤」になっただけで、話し合いにも参加していないので途中の経緯はよく知りません。

いつの間にか話がまとまり、都営一二号線は大江戸線という名称になって、二〇〇〇年一二月一二日に（汐留駅を除いて）全面開通しました。それまでつながっていなかった人同士をつなげたことで、前向きな「流れ」ができたわけです。

もっとも、開通した大江戸線は、「駅が深すぎる」「乗り換えが遠くて不便」「車内が狭くて圧迫感がある」など、利用者からの不満も少なくありません。今後も引き続き検討して、直せるところは直していくべきだと思います。

一方、常磐新線のほうは、東京都だけの問題ではありませんでした。東京、埼玉、茨城はすでに穴も掘って、いつでも通せる準備ができているのですが、千葉県だけが地元の反対運動などの影響で、話がまったく進んでいなかったのです。

こちらのほうも、私が建設会社の社長を呼んで石原知事と会わせたり、千葉県のほうと交渉の場を設けたりしながら、止まっていた話に「流れ」をつけました。

それぞれの関係者が「どうしよう？」と頭を抱えて立ち止まっていたのでしょうが、いったん「場」を作って動き始めると、ひどく厄介に思えた話でも意外に進展するものです。

それにしても、いくら懇談会のメンバーとして知事に相談を受けたとはいえ、地下鉄にしろ常磐新線にしろ、本来なら私が関わる筋合いなどありません。鉄道事業のことなど、畑違いもいいところです。

もちろん専門的な知識などまったくもっていないわけですから、そんな分野に自分が首を突っ込むことになるとは、想像したこともありませんでした。

しかし、これも神様が私に与えてくださった役割なのかもしれません。たとえ門外漢でも、そこに何となくいるだけで、人と人をつないで「場」を作ることができるのなら、これからも喜んで「接着剤役」を果たしていこうと思います。

わだかまりを捨てて心の通い合いをもつ——

いささか月並みな言い方になりますが、人間同士がつながって「場」ができたときに物事が前進するのは、やはりそこで顔と顔をつき合わせたときに、お互いの心が通い合うからではないでしょうか。

誰にでも経験があると思いますが、たとえば新しい相手とちょっとした気持ちの行き違いから顔を合わさなくなり、しばらく疎遠にしていると、胸の中にわだかまりのようなものが募ってくるものです。

最初は単なるボタンの掛け違いで済む話だったのに、離れているとお互いにどんどん心証が悪くなっていく。きっと自分は相手に嫌われているに違いない、と思い込むこともあるかもしれません。

ところが何かの拍子に久しぶりに会ってみると、意外に以前と変わらない態度で話ができたりするものです。顔を見た瞬間に、何も言わなくても心が通じ合って、それまでの心証の悪さが自分の思い過ごしだったことに気づくのです。

逆に、そのまま顔を合わせずにいると、わだかまりがさらに募って、ほとんど怨念と呼べるようなレベルにまでなってしまうこともあります。そうなると、両者の間を隔てる厚い壁を突き崩すのは容易ではありません。

仕事を進めるときも、関係者の間にわだかまりや怨念のようなものがあると、何よりも厄介な障害になります。誰かが誰かのことを「この野郎」と思っていると、うまく進むはずの物事も滞ってしまう。そういう感情面のネガティブなエネルギーというのは、案外、無視できないものです。

会社なども、多くの人々がつながって、共通の目標に向かって進んでいく「場」の一つといえると思います。しかし社員同士が感情的なわだかまりをもっていると、つながりが断たれてしまいます。これが業績悪化に結びつくことは言うまでもありません。

アサヒビールに移って間もない頃、こんなことがありました。

一大決心をして味とラベルを変えた新しい「アサヒ生ビール」、いわゆる「コク・キレビール」の発売日が決まったときのことです。

新製品の開発を担当した技術陣と営業関係の部長以上が、それまでの慰労を兼ねて、大阪の吹田工場でしゃぶしゃぶパーティを開きました。私も招待されて顔を出したのですが、会場へ入ってみると、なんと男同士が抱き合って泣いています。

びっくりして事情を聞いてみますと、「それまでアサヒビールでは、技術陣と営業陣が心を割って話し合うことがまったくなかったが、新製品の開発を通して、それが初めてできた」とか。それが嬉しくて、泣いていたというわけです。

ふだんは涙など大嫌いな私も、そのときは思わずもらい泣きさせられました。そして、近く発売される新しいビールが成功するような予感を抱いたものです。

技術陣と営業陣が話し合う「場」をもとうとしなかったことは、当時の業績悪化と決して無縁ではなかったのだと思います。技術と営業というのは、えてして「作りたいビール」と「売りたいビール」のズレをめぐって反目しやすいものです。

おそらく、アサヒでも過去にそういうことがあって、いつの間にか関係が疎遠になっていたに違いありません。お互いに、「どうして俺たちの考えを理解しないんだ」という不満を抱えながら、わだかまりを募らせていたわけです。

しかし、「味とラベルを変える」という、思い切った新製品の開発をきっかけに、切れていた両者がつながった。たぶん、腹を割って話し合ったとたんに、それまでのわだかまりが氷解したのではないでしょうか。

だからこそ、コクとキレという相反する要素を併せもったビールの開発がうまくいったのだと思います。

その新製品がヒットしたことで、企業や組織の活性化には人と人の心の交流がもっとも大事だということを、私は痛感させられました。

「結束して事に当たれ」「心を一つにしよう」という言葉は、決して目新しいものではなく、むしろ手垢のついた言葉かもしれませんが、目標を実現するには、やはり人の集団が何よりも大切なことなのです。

人員整理が生んでしまった会社への怨念——

心のわだかまりといえば、もう一つ思い出すことがあります。

その「コク・キレビール」や「スーパードライ」のヒットで会社が立ち直ったとき、私の心には一つ引っかかっていることがありました。それは、アサヒビールが一九八一年に五〇〇人もの人員整理をしていたことです。

彼らのことを考えると、業績の回復を手放しで喜ぶ気持ちにはなれません。私が社長になる前のこととはいえ、経営方針に沿って身を引いてくださった方々がいたからこそ、その後の業績回復も可能になったのです。

それに、心の通い合いは社内にだけあればいいというものではないはずです。企業は、社会と深く関わって存在しているのですから、広く世の中全体と気持ちを一つにするのが理想です。自分たちの会社に対して、感情的なわだかまりを抱いている人が社外にいれば、それはマイナス要因になります。人員整理で辞めていった元社員のなかには、それこそアサヒビールに対する怨念を抱いている人もいるはずです。

もちろん、クビを切られたほうだけでなく、切った経営陣のほうも重苦しい気持ちを抱えたまま過ごすことになります。

それを放っておいたのでは、いずれ何らかの形で発展にブレーキがかかってしまい、本当の意味で会社が立ち直ったことにならないのではないか……。

そう思った私は、元社員の復職を提案しました。これまた前例のない提案ですから、組合からも役員会からも、強く反対されたことは言うまでもありません。

そのときの人員整理は実質的には指名解雇だったので、上司批判や会社批判が多い人、職場で何かと対立関係を生む人などが対象になっていました。

そのため、復職に反対する役員のなかには、「あれはどうしようもない人間だ」と個人の資質を問題にする人がいたのも事実です。

しかし、その程度のことで辞めさせられるとしたら、一体どれだけの人が会社に残れるでしょうか。誰だって、上司や会社の批判ぐらいはするものです。

また、「割り増しの退職金を受け取って辞めたのだから、復職させるのは問題だ」という意見もありました。

でも、たしかに退職金をもらった人が会社に戻るのは、ルールの上で問題があるかもしれませんが、辞めた人々はお金で埋め合わせることのできない精神的なダメージを負ったはずです。

それを思えば、杓子定規にルールを振り回すことはできません。

そんなわけで、私は反対する社員を説得し、やっとのことで理解を得て、元社員への復職を呼びかけました。

退職者のなかには、すでに定年の年齢になってしまった人もいましたので、その場合は、子や孫など三親等までの親族が希望すれば、アサヒビールや傘下のグループ企業で優先的に採用することにしました。

むろん、全員が復職に応じてくれたわけではありません。「何を今さら」と抵抗感をもつ人や、素直に「では喜んで」と言うのはプライドが許さないと考える人がいるのは、しごく当然のことです。

また、退職者の追跡調査をしていちばんショックだったのは、小売りの免許を取得して酒販店を営んでいた人のケースでした。

当然、その店ではビールも売っているのですが、アサヒビールだけは一本たりとも扱っていなかったのです。おまけに、名前が気に食わないと言って、朝日新聞さえ取ろうとしない。私が「復職していただけませんか」と訪問したときも、お茶ひとつ出してくれませんでした。やはり、人員整理は根深い怨念を生んでしまったのです。

悲しいことですが、復職を断った人々のわだかまりや怨念が完全に消えることはないのかもしれません。しかしそれでも私は、彼らに復職をお願いしたことが無駄ではなかったと思います。そのうちの何人かは、ほんの少しではあっても、過去へのわだかまりを和らげてくれたと信じているからです。

良い流れはマスコミとの良い関係づくりから――

さて、企業の活動を含めて、何事も世の中の人々と広く心を通わせなければブレーキがかかりやすいわけですが、それを避けるためには、その最大の窓口であるマスコミとの関係を大切にしなければいけません。

何も、相手におもねって提灯記事を書いてもらう必要はありませんが、自分の主張を正しく理解してもらうことは考えるべきだと思います。

何かのきっかけで余計なわだかまりが生じて、マスコミとの関係がギクシャクしたものになると、言ったことを曲解されておかしな伝えられ方をすることもあります。

曲解して偏った報道をするマスコミを擁護するつもりはありませんが、これも人間のやることである以上、多かれ少なかれそういうことは起きるのです。

一例を挙げれば、森喜朗元首相の支持率が当時どんどん低下していったのも、マスコミとの関係をうまくコントロールできなかったことが、一つの原因だったのではないかと思います。

大騒動になった「神の国」をはじめとする一連の問題発言は、マスコミの捉え方によって、報道のニュアンスも違ってくる種類のもの。もちろん支持率低迷の原因はそれだけではありませんが、マスコミとの間に妙なわだかまりがなければ、あそこまで激しいバッシングを受けて人気が急降下することはなかったのではないかと思います。

森元首相とマスコミの間がギクシャクしたきっかけは、かつて日本工業新聞の社員だった彼が、自分のことを「マスコミ出身者」だと考えていたことでした。したがって彼から見れば、現役の新聞記者たちは「後輩」ということになります。

そのため、記者の態度や記事の書き方が悪かったりすると「最近の新聞記者はなってない」という話になる。これが記者たちの目には、首相が先輩風を吹かせているように映ったのでしょう。

「マスコミ出身とはいえ、たった二年しか新聞社にいなかった人に後輩扱いされる筋合いはない」というわけです。

本来の仕事とは関係のない、こうした感情面のわだかまりが原因でマスコミの見方が意地悪くなり、流れが悪いほうに傾いてしまったとしたら、なんとも不幸としか言いようがありません。世間の注目度が高ければ高いほど、その仕事に携わっている人は、マスコミとの間に良好な関係を築くよう心がけるべきなのです。

私も日頃からその点には気をつけているつもりですが、とくに気を遣ったのは経済戦略会議のときでした。

というのも、あのとき私たちに与えられたテーマは「日本経済再生に関するあらゆること」という幅広いものだったからです。つまり、焦点が絞りにくいのです。

たとえば、「対米貿易摩擦の解消」というテーマが与えられた一九八六年の前川レポートや、アジアからの要請で輸入規制の緩和に取り組んだ一九九三年の平岩レポートのように、焦点が絞られていれば、マスコミはじめ世間の人々も、その会議のどこを見て何を期待すればいいのかがわかります。

しかし、経済戦略会議のように広い範囲の問題を扱うとなると、人によって目を向けるポイントが違ってきますから、一方で「総花的だ」と言う人もいれば、一方で「抜けているものが多い」と批判する人も出てくるのです。

マスコミの論調がそういうものになれば、国民には、戦略会議がいったい何をやっているのかがわからなくなってしまいます。それだけ世間の理解を得にくいわけで、理解されなければ、会議の目指す動きに歯止めがかかってしまう恐れがあるわけです。

だから私は、ふだん以上に、自分たちの仕事を世間に理解してもらう努力が必要だと考え、会議のメンバーにもそのことを伝えました。

力不足が原因で批判されるなら仕方ありませんが、重大な仕事を引き受けて社会のために汗を流す以上、誤解や曲解によって、世間からの逆風にさらされるようなことは絶対に避けたかったからです。

そして、世間の人々に理解してもらうには、まずマスコミの理解を得なければいけません。したがって私は、記者会見やインタビューなど、メディアと接する機会をできるだけ多くもち、答申の内容や趣旨をできるだけわかりやすく説明しました。他のメンバーたちも、いろいろなところで積極的に発言してくれていたようです。

その甲斐あってか、私たちの答申が出た後のマスコミ報道に、誤解や曲解はほとんどありませんでした。

もちろん、世の中には私たちと異なる考え方をする人もいますから、手厳しい批判がまったくなかったわけではありません。しかし少なくとも、感情的なわだかまりや行き違いによって、意地悪な見方をされるようなことはなかったと思います。

だからこそ、経済戦略会議の打ち出した基本精神が世の中に理解され、「健全な競争社会を築こう」という一つの「流れ」を作ることができたわけです。

人脈を築き上げるには時間がかかる

このように、何か大きな仕事を成し遂げようと思ったら、周囲からブレーキをかけられないような環境を整えなければなりません。

わだかまりや怨念が生まれないようにして、なるべく多くの人々が心を通い合わせられるような「場」を作る。そこから生じるポジティブな空気が、人間の前向きな行動力を支えてくれるのではないでしょうか。

ただし、そういった環境は、何かを始めるときになって急に作ろうとしても、作れるものではありません。

たとえば、地下鉄の問題のとき私がそうしたように、つながっていなかった人と人を結びつけて話し合いの「場」をセッティングしようとする場合、いきなり縁もゆかりもない人のところに話をもち込んでも、うまくいかないはずです。

それまでの人間関係があってはじめて、いざというときに相手を動かすことができるのです。

マスコミとの関係も同じこと。それまで新聞記者と距離を置いていた人が、必要に迫られて急に接近しようとしても、そう簡単に理解を得られるものではないのです。

マスコミとのつきあい方には、それなりのノウハウや呼吸がありますから、一朝一夕に良好な関係を築くことはできません。

私の場合、若い頃から銀行の仕事を通じて多くの新聞社とつきあいを深めるチャンスが得られたので、そういう点で非常に恵まれていると思います。

たとえば、朝日新聞社が築地に本社ビルを建てたのは、ちょうど私が住友銀行の常務になった頃のことです。実はそれ以前に、朝日新聞社にはある土地を紹介して有楽町から移転してはどうかと打診したのですが、朝日新聞社はそれを断って別の土地を買いました。

ところがその土地を掘ってみたら、地面の下に遺跡の山があって使いものにならない。それで困った朝日新聞社は、前に私たちが紹介した土地を買いたいと言ってきたのですが、そちらもすでに手遅れで、よその手に渡っていました。そこで築地の土地を斡旋し、融資も行って、今のビルを建てたわけです。

そんな具合にお世話をさせていただいたのは、朝日新聞社だけではありません。読売新聞社や産業経済新聞社もメインバンクが住友銀行だったので、いろいろな形で関わりました。

全国紙の中では唯一、毎日新聞社とだけは銀行時代に縁がなかったのですが、こちらはうまくしたもので、アサヒビールと浅からぬ関係がありました。

こうして多くの新聞社とおつきあいさせていただいたお陰で、今でも比較的スムーズにマスコミの力を借りることができています。とくに文化事業に関しては、やはり新聞社をはじめとした、マスコミのサポートが欠かせません。

たとえば、私がコミッショナーを務めていたアメリカンフットボールなども、代表チームは第一回のワールドカップで優勝したほどの実力がありますし、元横綱の転向などでいくらか話題にもなりましたが、まだまだ日本ではマイナーなスポーツかもしれません。

したがって、これからさらに競技全体を盛り上げていくには、資金面でも報道面でもマスコミのバックアップが必要です。今は、大学選手権を毎日新聞、社会人リーグを朝日新聞が応援してくださっているので、たいへん助かっています。

また、昔からのつきあいが役に立っているのは、マスコミ関係だけではありません。企業社会での横のつながりという面では、住友銀行時代に堀田庄三頭取の秘書を務めさせていただいたことが、大いに役立っています。

というのも、銀行の頭取は財界関係者との会合に顔を出すことが多いためです。秘書として、頭取の後をついて歩いていれば、そういう場所に足を運ぶ機会が自然に増えます。すると、そこには各企業の会長や社長の秘書たちがいます。

トップたちが料亭などで懇談している間、それぞれの秘書が別の部屋で待機しながら酒を酌み交わすこともしばしばでした。そこで秘書同士の連帯感のようなものが生まれ、長いつきあいが始まったわけです。

その秘書仲間が、やがてそれぞれの会社で出世していきました。トップまで登り詰めた人も少なくありません。だから私は今でも、いろいろな企業と強いつながりをもって、相談にのってもらったり、ときには多少の無理を聞き入れてもらったりできるわけです。

いずれにしろ、困ったときに力を貸してくれる人脈というのは、それなりに時間をかけなければ築くことができません。私も若い頃からの積み重ねが、今になって実を結んでいるわけで、そういう財産を与えてくれた銀行には本当に感謝しています。

相手の懐に飛び込むポイント――

堀田頭取の秘書時代には、財界人だけでなく、政界の人々に会う機会も少なくありませんでした。それも、総理大臣クラスです。吉田茂さんから始まって、池田勇人さん、佐藤栄作さんと、歴代総理のところに毎週のように顔を出していました。

なにしろ相手は国家のトップですから、最初のうちは緊張しましたが、それも次第に慣れてくるものです。総理大臣といっても、しょっちゅう会って素顔に接していれば、ふつうの人と変わりません。自分と同じ人間です。

たとえば吉田茂さんなど、若い人間と会うたびに、いつも同じ話をしていました。それも、別にありがたい訓話のようなものではありません。その話というのは、必ずこんなふうに切り出されます。

「きみ、私はいつも何を食っていると思うかね」

総理大臣からそんな質問を受けても、訊かれたほうはどう答えていいかわかりません。何やら禅問答のようなものを連想してしまって、どんなありがたい話が始まるのかと身構えます。それでしばし「うーん」と考え込んでいると、吉田さんは、

「私はいつも、人を食っておる」

と、人を煙に巻くようなことを言われ、一人でニヤニヤ笑っていらっしゃる。そんな姿を見ながら、いつも私は「なんてふつうのおじさんなんだろう」と思ったものです。

たしかに総理大臣のなかには、ふつうよりちょっとハッタリが利いたり、ちょっと強情だったり、ちょっと知識が豊富だったりする人もいますが、違いといえばその程度のこと。決して、並みの人間には手の届かない特別な存在ではありません。

若い頃にそんな経験をしたお陰で、私はどんな人に会っても怖じ気づくということがなくなりました。そのことも、多くの人と深い人間関係を結び、力を貸してもらううえで役に立っているような気がします。

他人の気持ちを動かそうと思ったら、遠慮がちに表面的なつきあい方をしていてはいけません。思い切って相手の懐に飛び込まなければ心は通い合いませんし、自分の考えていることを真に理解してもらうことはできないからです。

そして、相手のことを怖がっていたのでは、その懐に飛び込むことはできないと思います。物怖じせず、いい意味で図々しく近づかなければ、向こうもこちらと距離をおこうとするものです。それでは、人間関係を長続きさせるのに必要な「共感」が生まれません。

だから私は、どんな人に対しても、遠慮することなしにズケズケと、思ったとおりのことを言うことにしています。相手に取り入ろうとして建前ばかり口にするより、そうしたほうが人間として信用されると思うのです。

もっとも、これは意識的にそうしているというより、生まれもった性格による部分が大きいのかもしれません。いずれにしろ、とにかく本音を隠さずに自分をさらけ出してしまいます。

このあいだも、友人の中坊公平さんがみんなの前で、「樋口さんは、私のことをアホやと思うてるんです」と「告発」したので、「ああ、思うてたよ。あんた、学校みんな落ちたやないか」と言ってしまいました。

まあ、これは冗談半分のかけあい漫才みたいなものですが、そこで真面目な顔をして「そんなことありません。中坊さんみたいに賢い人はいないと思っています」などと社交辞令を口にしても、彼との人間関係は深まりませんし、周りでそれを聞いている人も、私という人間を理解してくれないのではないでしょうか。

神は畏れるが人は恐れない

専門家に対して何か意見を口にするときも、自分が素人だからといって遠慮することはありません。思ったことを素直に言う。

ビールに関してはまったくの素人だった私が、アサヒビールを再建することができたのも、そういう姿勢があったからだと思っています。

あのとき、「私は素人だから」と専門家にすべてを任せていたら、前例のない思い切った改革はできなかったはずです。

もちろん、プロの存在は必要ですし、その力がなければ会社の再建もできなかったのは当然のことですが、素人だからこそ新しいことに挑戦できるという面もあるのです。

ライバル会社のトップに向かって「アサヒビールはどうすればいいか教えてください」などと言えたのも、素人の強味だといえると思います。

そういえば、京都の天王山にアサヒビール大山崎山荘美術館を建設したときも、設計をお願いした建築家の安藤忠雄さんに「エレベータータワーが高すぎるから、取ってしまえ」と文句を言いました。

もちろん安藤さんは世界的な建築家ですし、その腕を信用しているから私も彼に依頼したわけですから、彼には彼なりの考えがあることはわかっています。技術的な問題やデザイン上の都合など、プロにしかわからない理由もあるかもしれません。

それでも私は、自分自身の感性を曲げることはできないので、本音をぶつけてしまいます。結局、安藤さんが一生懸命に説明してくださり、そこにタワーが必要なことは理解しましたが、正直、今でも私はあれを取ってしまいたいと思っています。

ただ、ここで大事なのは、彼の説明を受けたお陰で、素人の私がプロの考えを理解したことではないでしょうか。

もし「プロにはプロの考えがあるんだろう」と遠慮して文句を言わなかったら、いつまでも相手の考えを理解できず、胸の中に不満をくすぶらせたままになってしまいます。それでは安藤さん個人との関係も深まりません。

本音をさらけ出してぶつかったからこそ、お互いに相手への理解が深まったわけです。

私はキリスト教徒なので、神を畏れる気持ちはもっていますが、人を恐れることはありません。総理大臣も怖くないし、専門家を前にしても臆することはない。

そうでなければ、それこそ総理大臣から諮問を受けて、専門家を集めた会議を、議長として活気に満ちた討議の「場」にはできないのではないでしょうか。

人と人を結びつけて「場」を作るのが得意とはいっても、私はコーディネーター役として自分を殺し、ご機嫌取りをしながら相手に取り入っているわけではありません。

文句を言うときは文句を言うし、怒るときは怒る。その「場」に必要な人間を、怒鳴りつけて引きずり出してくることもあります。

マスコミにしても、良好な関係を築きたいと思っているのはもちろんですが、だからといって、相手をおだててすり寄ったりするわけではありません。

おかしな取材をしたり、態度が悪かったりすれば、本気で怒ります。先日も、ある新聞社の若い記者が、インタビューを終えた後に「後でまたお聞きしたいことが出てくるかもしれませんので、携帯電話の番号を教えてください」と非常識なことを言ったので、思い切り叱りつけました。

前にも述べたように、私にはカッとなると「瞬間湯沸かし器」になってしまう癖があり、自分でも反省することがないわけではありません。

しかし、あえて少し弁明させてもらえば、怒るのは物事に真剣に取り組んでいる証拠です。相手の非礼に接しても怒る素振りを見せなければ、その人と本気で人間関係を結ぼうとしていないことになります。

ですから怒られたほうも、その瞬間は頭にくるかもしれませんが、後になれば相手が自分との関係を真剣に考えていることを理解するのではないでしょうか。

怒りも人間の「心」の一部なのですから、怒るべきときに怒れないような関係では、心の通い合いなど得られません。

「瞬間湯沸かし器」の勝手な理屈かもしれませんが、私はそう思っています。

ポリシーを貫く姿勢が信頼を生む──

しかし、そうはいっても、やはり人から怒られるのはあまり気分の良いものではありません。怒ってばかりいる人は、嫌われることのほうが多いかもしれません。

また、いつもズケズケと本音ばかり口にするのも、良いことばかりではありません。「なんて不躾な人なんだろう」と眉を顰められることもあると思います。

実際、こんな私のキャラクターを扱いにくいと感じたり、もて余して困っている人もいるかもしれません。まったくもって、申し訳ない話です。

しかし、それでも私が声をかければ集まってくれる人が、少なからずいてくれます。そのお陰で、私は「場」を作る接着剤としてお役に立てるわけです。

自分で言うのも何ですが、大変有り難いことに、私という人間を信用してくださる方々が大勢いるということです。

その信用がどこから生まれてくるのか、自分ではよくわかりません。ただ、人からの信用を失わないために心がけてきたことを一つ挙げろと言われれば、私は「ポリシーを曲げないこと」と答えます。

ポリシー、信念がいつも揺れていて、前に言っていたことと今言っていることが違う人、言っていることとやっていることが違う人は、世の中から信用されないものです。

たとえば銀行時代、私がバンカーとして貫いていたポリシーは、いわゆる「プロジェクト・ファイナンス」の発想です。

銀行がお金を貸すかどうか、その判断基準になるのは、相手のもっている担保の大きさでも、つきあいの古さでもありません。重要なのは、相手がやろうとしているプロジェクトが成功するかどうか。それだけです。

そのプロジェクトが、世の中で必要とされているものであれば、成功して収益が上がるはずです。収益が上がれば、借入金を返済することができます。銀行にも利益がもたらされます。

これがプロジェクト・ファイナンスの考え方で、私は若いときに世界銀行が行った対日融資のやり方を見て、それを自分自身のポリシーとして貫くことを決心しました。

そのとき世界銀行が申し出た案件は、高速道路建設資金の融資です。これに対して日本側は、世銀の実権を握っているアメリカの恩義に応えようと、米軍基地のある厚木と東京を結ぶ高速道路の建設を計画しました。

ところがこの計画に、世銀は「ノー」を突きつけます。

「自分たちはビジネスとしてお金を貸すのだから、収益が期待できるプロジェクトでなければ融資できません。それほどの交通量が見込めない厚木―東京間に高速道路を造っても、貸したお金が返ってこなくなる恐れがあります」というわけです。

そして世界銀行は、大都市が集中していて物流も多い神戸―名古屋間に高速道路を造ることを日本側に逆提案しました。これが現在の名神高速道路です。

三〇代後半に、私がある重大な危機を乗り越えられたのも、この一件でバンカーとしてのポリシーを身につけ、それを貫いたお陰でした。

かなり古い話になってしまいますが、一九六五年に起きた「吹原産業事件」のことをご記憶の方もいらっしゃるかと思います。吹原弘宣という金融業者が、巨額の預金で銀行を信用させ、有力政治家の名前をちらつかせながら、いくつもの大手銀行から融資名目で大金を騙し取った事件です。

彼の事務所が五反田にあったため、被害に遭ったのも各都市銀行の五反田支店が中心でした。しかし、ほとんどの五反田支店が軒並み騙されたなかで、住友銀行の五反田支店だけは被害を免れた。そのとき五反田支店の支店長だったのが、私です。

とはいえ、吹原という男が住友銀行をターゲットにしなかったわけではありません。彼は私の前にも現れて、融資を求めました。しかし私が首をタテに振らなかったのは、彼のもち込んだ事業計画が、プロジェクト・ファイナンスの発想から見て、納得できないものだったからです。

事業の内容こそが融資の基準なのですから、どんなに巨額の預金があろうと、有力政治家の名前が出ようと、収益の見込めないプロジェクトにお金を貸すわけにはいきません。結果、住友銀行は事件に巻き込まれずに済んだのです。

こう言うと自慢めいて嫌なのですが、このときの「ファインプレー」がきっかけになって、銀行の幹部は私の存在に注目するようになったのかもしれません。

一高・東大出身者でなければ幅が利かない当時の銀行で、いわば傍流の私が頭取の秘書に抜擢され、最後は副頭取まで務めることができたのも、このとき自分がポリシーを曲げなかったお陰だと思っています。あのときポリシーを曲げて融資をしていたら、現在の私はありません。

また長々と昔話をしてしまいましたが、こうして私はポリシーを貫くことの大切さを学びました。

アメリカの金融関係者に「クレージー」と言われた設備投資を、日本の銀行が認めてくれたのも、今の私がさまざまな場所で仕事をさせていただけるのも、多くの人がポリシーを曲げない私の姿勢を信用してくださるからだと思います。

今後も、ズケズケと本音をぶちまけたり、人を怒鳴って嫌われることはあるかもしれませんが、自分の信じたポリシーだけは曲げずに、世の中をより豊かにするような流れを作っていきたいと思います。

エピローグ

いつまでも人間として成長し続けたい

何歳になっても好奇心――

今まで、あまり人の行かないところばかり旅行してきました。日本人なら誰でも訪れるような観光地には、興味をそそられないのです。

たとえばイタリアに行っても、ミラノやローマではなく、名前も聞いたことがないような山奥の小さな町へ足を運びます。すべてガイドブックに書いてあるような町と違って、そういう土地では、自分の目や耳でしか得られない新しい発見があるものです。

ウズベキスタンの首都タシケントを訪れたこともありました。ここも、日本人は滅多に行きません。しかし終戦直後には、かつてソ連だったこの土地に強制的に連行され、飛行場建設に従事した大勢の日本人がいました。

ただしシベリアのほうとは違い、こちらはさほど悲惨な状態ではなかったそうです。そこで不幸にして亡くなった方はわずかに二人だけ。現地で結婚した日本人もいると聞きました。

今、ここに建てたオペラハウスで、日本のオペラ『夕鶴』を上演する計画を進めています。

南太平洋のトンガやサモアに行ったときは、地球温暖化のことを考えさせられました。このままだと、いずれ沈んでしまうと思われている島々です。

実際、現地へ行ってみると、「これは、ちょっと海水が上昇しただけで大変なことになるじゃないか」と恐ろしくなります。話を聞くのと自分の目で見るのとでは、危機感のレベルが違うものです。

南太平洋では、かつてイギリスの探検隊が通った航跡をたどってみたりもしました。船で走っていると、何日間も空と海しか見えないような場所です。その先に島があるのかどうかもわかりません。

そういう場所にいると、何か自分のなかのさまざまな感覚が刺激されるようで、とても興奮します。

次に行きたいところは、まずモンゴル。ここは何年も前から計画しているのですが、忙しくてなかなか実現しません。あと、まだ行ったことのない大陸といえば南極でしょう。いずれ必ず訪れてみたいと思っています。

なぜ、そんな人の行かないところにばかり行きたがるのかと訊かれれば、それは好奇心のなせる業だとしか答えようがありません。

見たことがないものを見たい。知らなかったことを知りたい。ただ、それだけのことです。

そして、この好奇心こそが、私の行動を支える原動力になっているのだと思います。人の行かない土地を旅するのと同様、誰もやろうとしない仕事を引き受けるのも、結局は私の好奇心がそうさせているのだと思います。

最終的に人を行動させるのは、正義感や使命感といった格好のいいものではありません。自分のなかに芽生えた、何かを「知りたい」という、どうにもならない衝動に突き動かされて、人は行動を起こすのではないでしょうか。

おそらく、私の敬愛する三屋清左衛門もそうだったと思います。

たとえば、自分の成功を妬む昔の同僚から磯釣りに誘われた清左衛門は、命を狙われる恐れがあることを承知しながら、出かけていきます。事実、危うく崖から突き落とされそうにもなりました。

詳しい成り行きは小説を読んでいただきたいと存じますが、ここで彼を動かしたのも、詰まるところ、相手に対する好奇心だったような気がするのです。

もちろん、かつて同じ釜の飯を食った人間としての責任感のようなものもあったでしょう。でも、そういう心情とは別に、とにかく相手のことを知り、さらには自分自身のことを知るために、行かずにはいられなかったのではないかと思うのです。

本書で私は何度も、「逆境こそ自分を活かすチャンスだ」ということを申し上げました。さらに言うなら、逆境は自らの好奇心を満たすチャンスでもあります。

人が手を出そうとしない逆境には、必ず解決の難しい問題があります。それが難しければ難しいほど、私はその「現場」を訪れて、問題の正体を知りたくなります。

そして、そこで自分に何ができるのか、どんな役割を演じることができるのかということを知りたくなります。

このように、好奇心とは、最後には自分自身に向けられるものではないでしょうか。少なくとも私は、自分のことを知るために、逆境に飛び込んでいるような気がします。

人間、年齢を重ねていけば、体力や知力が多少なりとも衰えていくのは仕方がありません。老化は自然現象ですから、いくら食い止めようと思って努力しても限界があります。

しかし好奇心だけは、本人の心の持ち方ひとつで、いつまでも保ち続けることができるはずです。

世の中のことを知りたい、人間のことを知りたい、そして自分自身のことを知りたい……そんな欲求さえあれば、人は何歳になっても活き活きと暮らすことができます。

逆に言えば、好奇心を失ったところで、人生の日は沈んでしまうような気がします。高齢化社会を迎えた日本に活力を与える意味でも、現役をリタイアした多くの人々が好奇心を失わず、それぞれの「残日」を輝かせてくれることを私は願っています。

常に新しいものを取り入れる――

好奇心のおもむくまま、いろいろな仕事を引き受けて忙しく立ち回っていると、「よく同時にそれだけ数多くのお仕事をこなせますね。さぞや時間の使い方がお上手なんでしょう」などと言われることがあります。

でも、私はそんなに器用な人間ではありません。多くのスタッフや仲間に助けてもらいながら、何とかやっています。

好奇心は無限にあっても、時間には限りがあります。一日は二四時間しかありませんし、一年は三六五日しかありません。

ですから私の場合、何でもかんでも引き受けてこなしているように見えながら、実は自分でも気づかないところで抜け落ちているものがたくさんあると思います。たとえば、さまざまな公職で忙しくしていれば、家庭や友人との交遊など、プライベートな面で人に迷惑をかけているかもしれません。

それを誰かがフォローしてくれているからこそ、私も目の前の仕事に全力を傾けられるわけです。本当にありがたいことだと、感謝せずにはいられません。

また、時間に限界があるのと同様、人間の能力も無限ではありません。昔、高田保馬という有名な経済学者が唱えた説によれば、人間の能力は一定だから、何かを頭に入れようと思ったら何かを捨てなければいけない。これを「能力定量の法則」と言います。

それに関して、将棋の米長邦雄さんから以前こんな話を聞きました。

棋士というのは早熟なもので、だいたい二五歳ぐらいで技量が一つのピークを迎えるそうです。したがって、決して経験豊富なベテランのほうが有利ということにはなりません。ベテラン棋士たちは、ピークを迎えた若い相手を倒す方法を考えないと、タイトルを獲ることができないわけです。

米長さんも、四〇代になった頃、二五歳の相手に勝つにはどうしたらいいか、いろいろ考えました。体力や記憶力の点では若い棋士に勝てないけれど、経験や知識の点では負けないから、それを活かして勝負すればいいと最初は思ったそうです。

しかし、あるとき彼はハッと気づきました。自分の頭の中に詰まっているのは、勝つために有効な経験ではなく、単なる「カス」ではないかと感じたのです。

経験を活かせば勝てるどころか、その経験が邪魔になって勝てないのではないか。若い人より優れていると思ったものが、実はいちばん劣っているところだということです。

そこで彼は、今まで頭の中に蓄えてきたものをすべて捨てなければいけない、と考えました。

それまでの得意技を捨てて一から出直し、逆に若い人から将棋を教わりました。それで将棋そのものが若返り、勝てるようになったと言います。

まさに「能力定量の法則」で、何かを得るためには何かを捨てなければならなかったわけですが、実を言うと米長さんは、この考え方のヒントをアサヒビールから学んだのだと言ってくれました。

というのも、私がアサヒビールに移ったときに、古いビールを回収して処分したという話を聞いて、「新しい挑戦をするには古いものを捨てなければいけない」ということに気づいたというのです。

本書の冒頭で、フランスの文学者アナトール・フランスの言葉を紹介しました。「新しい世界に生きようとするならば、前の世界のことは死滅させなければいけない」というものです。米長さんの話も、これに通じるものがあるのではないでしょうか。もしかするとアナトール・フランスも、「能力定量の法則」を知っていたのかもしれません。

ともあれ、人間の能力には限りがありますから、仕事を引き受けるのもほどほどにしなければいけないとは思います。

頼まれると断れない性格とはいえ、能力を超える量の仕事を抱えて、一つひとつが雑になったりしたのでは、相手にも申し訳ありません。せっかく声をかけてくださったのに、恩を仇で返すような結果になってしまいます。

それで最近は、とくに講演や大学の客員教授のような仕事を、少し減らそうかと考えています。あちこちから依頼されて、大学の教壇にもずいぶん立ちましたが、地方の場合は移動も大変ですし、なにしろ体を使って喋る仕事なので、体力がなければもちません。

一時は講演も含めて年間二〇〇回近く喋っていたこともありますが、それだけやっていると、やがて声もかれて聞き苦しくなってきます。

考えてみると、体を鍛えているオペラ歌手でも、毎日ステージで歌うことはできません。たいがい出演者はAプロ、Bプロという二つのグループに分かれていて、一日ずつ交代でステージに立ちます。

つまり作品のクオリティを維持するためには、休むのも仕事のうちだということです。それを見習って、私も人前で喋るのは週に一回程度にしようかと思っています。

それに、喋ってアウトプットしているだけでは、こちらの頭も枯れてしまうものです。水を吸わないとカラカラになってしまうスポンジと同じで、たまにはインプットする時間も作らなければいけません。

それがないと、ちょっと最近の時事ネタを仕入れて、それを吐き出すだけになってしまいます。それでは鵜飼いの鵜と同じこと。新しい情報をしっかり喉の奥まで飲み込んで、自分の身につけなければ、内容のある話にはなりません。

いずれにしろ、頭の中から古いものを追い出し、新しいものに置き換えていくことは、気持ちをリフレッシュするためにも大切なことだと思います。

常に新しいものを取り入れ、新鮮な刺激を受け続けることで、好奇心もますます高まるのではないでしょうか。

幸せになるための秘訣――

とはいえ私は、過去に積み重ねてきた経験が無駄だとは少しも思いません。

四〇代になって過去の得意技を捨てたという米長さんにしても、若い人から新しい将棋を学ぶうえで、やはり積み重ねてきた経験が活きていたのだろうと思います。

若い後輩に学ぶ謙虚な姿勢をもつために、いわば自分自身に向けた一つの方便として、「これまでの経験はカスだった」という表現をしたに違いありません。

私自身、過去の経験はすべて今の自分の仕事に役立っていると思っています。事実、ここまで本書でもいろいろとお話ししてきたとおり、引退後の仕事にはどれも多かれ少なかれ、これまでに身につけてきた仕事上のノウハウや考え方が活かされています。

もちろん、私に仕事を頼む人々が、過去の実績を信用してくださっていることも、すでに述べたとおりです。過去は、何ひとつと無駄になっていません。

ただ私も俗人ですから、ときおり昔を振り返って、「もっと別の生き方があったかもしれない」などと思うことが、まったくないわけではありません。

たとえば、少し銀行に長くいすぎたかな、と感じることもあります。私が住友銀行からアサヒビールに移ったのは、ちょうど六〇歳のときでした。もちろん、それを後悔しているわけではは決してありません。還暦まで銀行にいたからこそ、今の私があると思っています。

しかしその一方で、もう少し早く、五〇代前半ぐらいまでに銀行を飛び出してほかのことに挑戦していたら、もっと面白いことができたのではないか、とも思うのです。

また、もし「途中から人生をやり直せるとしたら、何をしたいか」と問われれば、「政治家」と答えるかもしれません。

本音を言えば、私にもっとも向いていたのが政治の世界で、いちばん不向きだったのが実業界ではないかと思っているからです。もし周囲の環境が許せば、本当にそちらの世界に足を突っ込んでいたかもしれません。

芸術の世界に対しても、憧れがあります。絵を見たり音楽を聴いたりするのは好きですから、もし自分に才能があれば、画家や彫刻家や音楽家を目指したかもしれません。誰でも一度や二度はそんなことを考えるものです。

しかし、そんなことを考え始めたらキリがない。

世の中には、何か苦しいことや辛いことがあったときに、

「もし自分に才能があれば……」

「生まれた家がお金持ちだったら……」

「親に社会的地位があって、あの世界にコネでもあれば……」

などなど、つい「タラレバ」にとらわれて、自分の人生をネガティブに考えてしまう人がいます。でも、それは自分を不幸にするだけだと思います。

たしかに、才能やお金や地位やコネは、ないよりもあったほうがいいに決まっています。むろん、それも使いようによっては人を不幸にすることがあるわけですが、基本的には、あるに越したことはないでしょう。

でも、ないものはないのですから、考えても仕方ありません。ない物ねだりをして気持ちを腐らせても何の解決にもなりませんし、第一、はじめからないとわかっているものを「ない」と確認するのは時間の無駄です。そんな暇があったら、それがないということを前提にして、自分自身を高める努力をすべきだと思います。

「タラレバ」や「ない物ねだり」には、人生をつまらなくする効果しかありません。

これは仕事も同じことで、たとえば会社が逆境にあるとき、「あのときこうしていれば……」と過去を悔やんだり、「売れる商品が一つもない」と逆境にあること自体を憂いていても何も始まりません。

自分たちにできることから始めて、一歩ずつ進んでいくしかありません。物事を前向きに考えるとは、そういうことです。

とくに六〇歳、七〇歳と年齢を重ねるほど、私たちは物事を前向きに考えることを心がけたほうがいいのではないでしょうか。

長く生きていれば、それだけ振り返る過去も長いわけで、したがって「タラレバ」の対象となるものも多くなります。七〇年分もの「タラレバ」を数え上げていたら、それに費やす時間だけで、残った人生が終わってしまうかもしれません。

というのは極端な話ですが、それはともかく、「残日」が短くなればなるほど、生き甲斐を感じられる楽しいことに時間を使ったほうが幸せであることはたしかです。

過去を振り返って悔やむよりも、「今の自分」をありのままに受け入れて、その自分にこれから何ができるかを考えるべきだと思います。

人生は友人を作るためにある――

さて、私にとって過去の経験はどれも大切な財産なのですが、これまで積み重ねてきたもののなかでもっとも大切なかけがえのない財産といえば、やはり多くの友人です。

長い人生を通じて、私はどれだけ友人に助けられたかわかりません。たとえば、前章の最後にお話しした吹原産業事件のときも、最後に融資を断る切り札を与えてくれたのは友人でした。

いったん私に融資を断られた相手が、

「では、日銀の出す八億円の小切手が今日の午後に入るので、そのなかから四億円を預金しようじゃないか」

と、新たな条件を提示してきたので、席を外して日銀にいる友人に電話で問い合わせてみると、「そんな小切手は切られていない」とのこと。そこで席に戻った私が、

「あなた、嘘を言っているでしょう。そんな小切手、振り出されてないじゃないか」

と問いただすと、相手は「おかしいな」とブツブツ言いながら帰って行ったのです。

これはほんの一例で、前章でも述べたとおり、心の通い合う大勢の仲間に支えられなければ、私の仕事は成り立ちません。

いや、それ以前に、私という人間自体が成り立たないと言ったほうがいいと思います。私の人生は、友人を作るためにあると言ってもいいぐらいです。

私の交遊範囲は、政財界だけに限ったものではありません。前に紹介した安藤忠雄さんは建築家ですし、米長さんは将棋の世界の人です。それ以外にも、音楽家、デザイナー、作家、芸能人など、とくに仕事上の関係がない世界に大勢の友人がいます。

そのせいか、人から「ああいう方々と、いったいどんなきっかけでお知り合いになるのですか」という質問を受けることが多いのですが、正直なところ、私はそれをいちいち覚えていません。

学生時代からの仲間やビジネス上の友人は別ですが、いわゆる文化人の友人の場合は、訊かれても「はて、何だったかな」と思い出せないことが多いのです。

あまりに多すぎて覚えていられないということもあるのですが、しかし友人というのは、出会ったときのことを忘れているぐらいでちょうどいいのではないでしょうか。

いつまでも、顔を合わせるたびに「あなたとは、あそこではじめてお会いしたんですよね」などということが話題になっているようでは、人間関係が発展しません。そこで止まっているのは、友人ではなく「知り合い」のレベルだと思います。

友人関係というのは、今この時点で、お互いに相手を友人だと思えるから成り立つものです。

「あそこで知り合った」ということを意識しているような関係は、本当の友人関係とは呼べません。

「どうしてこの人と会っているのかよくわからないけれど、とにかく仲がいい」という相手ほど、本当に心を開いて話ができるのではないでしょうか。

そういう友人の大切さを私に教えてくれたのは、住友銀行時代の大先輩で、後に頭取も務められた伊部恭之助さんです。

それも、単に「友人は大切だぞ」と言われたわけではありません。「借金をしてでも友達を作れ」と言うのですから驚きます。

「本を読んで勉強するのも大事だが、いい友達をたくさん作るのはもっと大事だ。友達を作るためなら、少しぐらい生活を犠牲にしたって構わない。つきあいに金が必要なら、俺がいくらでも貸してやる」

伊部さんは、そんなことを何度もおっしゃいました。

根が素直な私は、この大先輩の助言にしたがって、これまで友達作りのためにどれだけ借金をしたかわかりません。家族には迷惑をかけましたし、「そんなことにお金を使って」と苦言を呈されたことも一度や二度ではありませんが、しかしそのお陰で、お金には代えられない大きな財産をもつことができました。

やはり、尊敬する先輩の言葉にはしたがっておくものです。

伊部さんが「本を読んで勉強するのも大事だが」と前置きしたとおり、友人というのは読書に匹敵するぐらい、いや、それ以上に豊かな知識や情報を与えてくれます。

情報化社会になり、誰もがパソコンや携帯電話などの情報ツールを駆使して仕事や生活に役立てようとしていますが、実のところ、友人に勝る情報ツールはありません。本やインターネットなどで誰でも入手できる情報より、その人の頭の中にしかない意見や考え方を加味した情報のほうが、何倍も価値があるからです。

しかもそういう情報は、会って対話をしていくうちに、さらに新しい見方が加わって、ますます価値を増していきます。インターネット時代だからこそ、逆にフェイス・トゥ・フェイスの情報収集が大事になってくるといえます。

九・一一の米国同時多発テロのときも、事前に食い止められなかった当局に対して、「インターネットなどのハイテクに頼りすぎて、スパイ活動など昔ながらの人間を通じた情報収集が疎かになっていたのではないか」という指摘がありました。やはり、本当に役に立つ生きた情報というのは、人を通じてしか得られないのかもしれません。

だとすれば、生きた情報を与えてくれる友人が多いに越したことはありません。

実際、いくら資料を集めて勉強してもわからなかったことが、その分野に詳しい友人に会って話を聞いただけで、たちどころに理解できるということはよくあります。

人脈ほど頼もしい情報網はないのではないでしょうか。

いつまでも人間として成長し続けたい――

もちろん、私は仕事で役立つ情報を仕入れるために友人を作っているわけではありません。そんな功利的な意識で近づいても友人はできませんし、そんなふうに知り合った相手を友人とは呼ばないはずです。

もちろん伊部さんも、そういう意味で「友達を作れ」とおっしゃったわけではありません。結果としてビジネス上の情報をもらうことはあっても、それが目的ではない。目的は、心の通う友人と充実した時間を過ごすことであり、さらにその交遊を通して多くのことを学び、自分自身を人間として高めていくことです。

「水は方円の器にしたがい、人は善悪の友による」

これは、私がまだ四歳か五歳の頃に、祖母から教えられた言葉です。最初は意味もわからずに、祖母に言われるまま暗唱していましたが、やがて小学校の高学年になると、私にもその意味がわかってきました。

水というのは最初から形が決まっているわけではなく、四角い器に入れれば四角くなり、丸い器に入れれば丸くなります。

それと同じように、人間もつきあう友人次第で中身が変わります。良い友人とつきあえば良い人間になるし、悪い仲間とつきあえば悪くなる、というわけです。

いずれにしろ、人間の「器量」というのは、自分の力だけで作り上げられるものではありません。友人という「器」が、その人の人間性やスケールの大きさを決めるのです。器が小さければ人間も小さくなるでしょう。偏った分野の友人しかいなければ、その人の考え方も偏ったものになるかもしれません。

ならば、できるだけバラエティに富んだ世界の友人を、できるだけ多くもっていたほうが、人間は大きく成長することができます。

先ほど私が、友人がいなければ「私という人間自体が成り立たない」と言ったのも、そういう意味です。これまで私を育ててくれたのは多くの友人たちですし、それはこれからも変わることがないと思います。

本書の冒頭でも述べたとおり、私はいつまでも「この一瞬」を大事にしながらアグレッシブに生き続けたいと思っています。

死ぬまで、新しいことに挑戦していきたい。

そのためには、死ぬまで人間として成長し続けなければいけません。死んでしまったら棺桶という「器」に入らなければなりませんが、それまでは、友人という「器」の中で自分自身を磨いていきたいと思います。

それも、人間としての幅を広げるためには、ふつうの人とは違う、変わったことを言う人と出会いたい。四角や丸など、当たり前の形をした器ばかりでは面白くありません。

すでに私はユニークな形をした器をたくさんもち、そこから大いに刺激を受けながら暮らしていますが、世の中にはまだまだ私の知らない形をした器があるはずです。そういう人々ともっともっと仲良くなれれば、これほど幸せなことはありません。

ただ、これからも心の通い合う友人を増やしていくためには、自分のなかで直さなければいけないところもあります。

私にはいろいろな欠点がありますが、そのなかでも、とくに人づきあいをするうえで自分自身「これはまずいなぁ」と思うのは、人の話を聞かないこと。友達を作ろうと思ったら「聞き上手」にならないといけないと常々思ってはいるのですが、どうも根がお喋りなせいか、こればかりはうまくいきません。気がつくと私ばかり喋っていて、相手が聞き役になっているのです。

あるとき、あの雄弁な石原慎太郎都知事とテレビで対談をしたのですが、後でビデオを見直してみると、ほとんど私ばかり喋っていました。秘書に、「石原さんはよく我慢なさってましたねぇ」と苦笑される始末です。これではいけません。

ですから今後は、なるべく聞き役に回って、余計なことを喋らないように心がけたいと思います。それこそ長い積み重ねのなかで培われてきた悪い癖ですから、もしかしたら直らないかもしれません。しかし、そういう自覚なしに一人で喋っているよりは、「聞き上手にならなければ」という心構えをもっているほうが、まだマシだと思います。

もう一つ、これは前にも触れましたが、すぐに怒って大声を出してしまう性格も、少し直したほうがいいとは思っています。あまり怒ってばかりいると、とくに若い人などは委縮して近寄ってきてくれません。

私ぐらいの年齢になってくると、新しい感覚をもった若い世代の友人がとても貴重な存在になりますから、気をつけたほうがいいかもしれません。

しかしこれも私の性分ですから、そう簡単に直るとは思えません。相手との関係を真剣に考えれば考えるほど、ちょっとしたことで腹が立ってしまうのです。

それに、怒りたい気持ちを抑えつけるのは、あまり健康によくないと思います。ですから、怒るのを我慢するのは難しいかもしれません。

でも、怒った相手を笑顔でフォローすることはできます。

一度怒ったら二度、二度怒ったら三度、笑顔を見せればいいのです。

最初は怒られても、最後が笑顔で終わっていれば、そんなに怖がられることはないはずです。

これからは、「怒る」より「笑う」を少し多く、を心がけたいと思います。そして、いつまでも人間として成長し続けたいと思います。

解説

皆木和義

樋口廣太郎氏と私

樋口廣太郎《ひぐちひろたろう》氏ほど良い意味でネアカの経営者はいないのではないだろうか。私自身、今まで三〇〇〇人以上のさまざまな経営者の方々にお会いしてきたが、樋口氏以上にネアカな人はいないというのが正直な実感である。

樋口氏とはじめてお会いしたのは、一九九〇年代の初めの頃ではなかったかと思う。当時、樋口氏はニュービジネス、ベンチャービジネスの振興に寄与せんとするわが国初の公益法人・ニュービジネス協議会の会長をされていた。第一印象は、とてもエネルギッシュで、声が大きく明るい。それも、とびきりのネアカで闊達な印象だった。一瞬のうちに包み込むような笑顔で接していただいて、何とも言えない温かさを感じたのを今でも鮮明におぼえている。

一九九〇年代後半、経団連副会長や経済戦略会議議長などの要職をされていたときにも、折に触れお目にかかったが、いつお会いしても、その印象は変わらなかった。

パーティ等でも樋口氏をお見かけするたびに、いつも氏の周りには多くの人が集まり、常に明るいオーラのような輪ができていた。氏の周りだけがとくに明るい光彩を放っているという感じだった。

以来二〇年ほどのありがたいご縁をいただいているが、この間に樋口氏の陰に陽にの応援で多くの若い方々が巣立っていった。ソフトバンクの孫正義社長やプラザクリエイトの大島康広社長なども大きく巣立っていった方々といえよう。

私はといえば、二冊の樋口氏の本（『松下幸之助と樋口廣太郎』、『樋口廣太郎の戦い』）を上梓すると同時に、樋口氏の経営や人生哲学を学ぶ産官学の勉強会「廣志会」を立ち上げ、代表世話人をさせていただいた。

「廣志会」の名前は、樋口廣太郎氏の「廣」を頂いて、樋口氏の志を学び、その志を継承し、社会に広く大きく貢献していこうという高い志と広い心をもった人間の集まりということで、私が命名させていただいた。メンバーには、柔道の金メダリストの山下泰裕東海大学教授や黒岩祐治神奈川県知事（当時・フジテレビ「報道2001」キャスター）、齋藤健衆院議員（当時・経済産業省課長）、三森久美大戸屋社長（JASDAQ上場）らをはじめ、樋口氏の元部下で、三井住友銀行専務を務められた故・宿沢広朗氏など志のある若手・中堅が集まった。

私自身は、樋口氏の感謝と無私の精神に基づく教えを胸に、経営コンサルタント、作家、歴史研究家、また、経営プロフェッショナルとして幅広く活動し、株式会社ハードオフコーポレーション（東証一部）代表取締役社長、経済産業省消費経済審議会委員なども務めさせていただいた。著書も二〇冊余上梓させていただいたが、何かにつけ、樋口氏の教えを思い返し、人生と仕事の指針としてきた。その意味でも、樋口氏は私の大恩師であり、心から深く感謝している。多くの方々が樋口氏に愛され、また直弟子と思っておられる方も多いと思うが、私もまた、はじめて会った瞬間から樋口ファンとなり、現在も人後に落ちない熱烈な樋口ファンであり、氏を敬愛する一番弟子とひそかに自任している。

樋口流「感謝の仕事学」

樋口氏は一九二六年に京都御所の近くの寺町で生まれた。一九四九年京都大学経済学部を卒業し、住友銀行（現・三井住友銀行）に入行。一九八二年、五六歳で副頭取に就任された。これは当時の住友銀行の最年少記録であった。

一九八六年、住友銀行副頭取からアサヒビール社長に転じた。当時のアサヒビールは、戦後三六％以上あったシェアをこのとき九・六％にまで落とし、業界四位に転落寸前だった。朝日ではなく夕日ビールだと揶揄されるような状況だった。

ところが翌年、新製品「アサヒスーパードライ」を発売し、爆発的に大ヒットをさせ、またたくまに業界第二位に躍進させて同社を再建。「アサヒビールの奇跡の復活」と賞賛され、樋口氏のその抜群の経営手腕は、いやがうえにも広く喧伝された。

このような素晴らしい実績を残された氏の根本を一言で表現すれば、「感謝」という言葉に尽きるのではないかと思う。無私の精神や正義感の強さも人間・樋口廣太郎の大きな特徴であるが、感謝という言葉のほうが、より正鵠を得ているように思っている。

本書にも随所に感謝の言葉が登場するが、これはその証左といえよう。

そのことから、本書のタイトルは『樋口廣太郎の「感謝」の仕事学』となっている。

樋口氏の感謝の事跡として特筆されるのは、やはり「先人の碑」ではないだろうか。

この「先人の碑」は、アサヒビールの創立百周年事業の一環として大阪府吹田市に建立された。一九八七年五月「スーパードライ」が発売とともに爆発的な売れ行きを見せたその機を捉えて、樋口氏が提案したものである。

アサヒビールは、多くの関係者の支えがあったからこそ、ここまでやってこられた。いちばん大切なのは、アサヒビールの役員・社員全員の恩に報いる心、自分たちがお世話になった先人・関係者への感謝の心であると、建碑にあたって樋口氏は考えた。だから碑文には、建立者として、アサヒビールの名前が刻まれているだけで、当時の社長である樋口氏の名前は入っていない。ここに樋口流の「いささかも痕跡を残さず」という生き方の美学が投影されているように思う。

私も何度かお伺いさせていただいたが、いつお伺いしても、ゴミ一つ落ちていない、美しく、心が清められる神聖な場所である。

それがアサヒビールの社風、良き風土にまで高まっていることを私は肌で感じ、そのことをこの地を訪ねてあらためて確信した。

人を大切にする会社が発展しないわけがない。「先人の碑」は、アサヒビール社員の精神性の高まりの一つの象徴ともいえるのではないだろうか。

この文化は、アサヒビールグループの良いDNAとして、樋口氏以降の瀬戸雄三社長、福地茂雄社長、池田弘一社長、荻田伍社長、泉谷直木社長と見事なトップのリレーの中で連綿と続いている。樋口氏の感謝の心と願いが今も脈々と生き続けているといえよう。

樋口流「第二の人生の仕事学」

さて、本書は、樋口氏の現役時代の仕事学ではなく、それを踏まえた現役引退後の仕事学、いわば第二の人生の仕事学を存分に語ったものである。だから、「残日録」（藤沢周平氏の『三屋清左衛門残日録』に深く共感されたのであろう）という言葉も折々に覗いている。

その意味で、六〇歳以降の定年後の働き方や考え方にヒントを求めておられる方には特に有用だろう。現役と引退後とをどううまく橋渡すかについて、樋口流の考え方が随所に述べられている。

また、草創期ともいうべき時期の新国立劇場、東京都現代美術館などのアートマネジメントについての考え方は、今も有益な原理原則といえよう。

他方、数々の委員会や会議での議長や座長などでのリーダーシップの発揮の仕方は、ＮＰＯや社会起業家的組織・団体でのリーダーには参考になる部分が多いのではないだろうか。

では、何のためにリーダーシップが必要かというと、国や組織や集団のある目的を達成するためである。そのときに求められるリーダーシップのスタイルや能力なども時代や環境との関わりから、また、状況や目的によって変化する。

リーダーシップを発揮するためには、その前提として、人格力や人間的魅力など、いわば人間力が重要となる。それはその人の生き方、考え方、人生に対する姿勢、経営哲学、人生哲学のすべてがにじみ出るものといってもよいだろう。知能や技能やスキルやテクニックを超えた力である。この人間力があって、はじめてリーダーとしての地位・肩書も生きてくるといえよう。

その意味で、本書ではあらためて樋口流の人間力、人間学を感じとっていただければと思う。

なお、私が本書を通じて考えた樋口氏のリーダーとしての要素は、①活力に溢れた旺盛な行動力と実行力、②強固な意志力、③責任感、④知力、⑤包容力、⑥説得力、⑦胆力、⑧イノベーション力、の八つである。引退後のリーダーシップの発揮の仕方、自らのハンドリングの仕方は大いに参考になるのではないだろうか。

一歩引きながらも組織の活性化や人材育成などを巧みに行っていく知恵や有用な知見なども本書には溢れている。

樋口氏の喜び

本書のもとになった原稿は、樋口氏が精力的に著作を出されていた二〇〇二年頃までを中心に執筆されたものである。その後、樋口氏のご体調もあって、完成稿の状態で一〇年あまりの年月を経過していたことから、今回、あらためて原稿を読みなおし、記述の中にある少し古いと思われる箇所は、樋口氏の了解を得て私が最低限の補正をさせていただいた。それを含めて本解説を書かせていただいている。

一〇年ひと昔とはよく言われるが、時代の流れが速い昨今では、その観はなおさらかもしれない。本書でとりあげた事例も一〇年以上前の事例が多い。それは古いととらえがちであるが、しかし、少し前のことこそ、まさに今につながっている格好の教訓でもある。

たとえば、ナスダック・ジャパンや簡易保険や市町村合併の事例などは、その意味では古いかもしれない。が、そこに流れる樋口氏の不変の仕事哲学は変わらないし、今につながっている。

ナスダック・ジャパンの設立パーティの際には、私は樋口氏のすぐそばで孫正義ソフトバンク社長や関係者の方々の熱い思いやメッセージを拝聴させていただいたが、その場でも無私の心で若い人を応援し育成しようとする樋口氏の姿勢にいたく感じたものであった。

損得抜きに、そのような孫氏の挑戦を応援しようとする樋口氏の思いが、今日のソフトバンクの発展の一助として少しでもつながっているとすれば、樋口氏は大いなる喜びとされることだろう。

「おいあくま」とネアカの積極の精神

樋口氏の信条の言葉で私のもっとも好きなのが「おいあくま」である。「おこるな、いばるな、あせるな、くさるな、まけるな」の最初の文字をとった言葉で、シンプルではあるが、真理を突く励ましの名言といえよう。

これは、樋口氏が若い頃仕えた堀田庄三住友銀行頭取に学んだ精神であるとお聞きしたが、私自身、今も大いに活用させている。

この言葉を唱えると、ネアカの樋口氏の笑顔を思い出すし、不思議と元気が湧いてくる。「元気で明るく大きな声で、ちょっぴりと知性をもって頑張れ」という声が同時に聞こえてもくる。読者のみなさまもこの「おいあくま」の精神を活用されてみてはいかがであろうか。

また以前、樋口氏に色紙をお願いしたところ、「呑舟《どんしゅう》の魚は枝流に游《およ》がず」という言葉を揮毫していただいた。「列子」楊朱からの名言である。大人物はつまらない者と交わったりはしない、また大志を抱く人は細かなことにこだわらないということのたとえである。この言葉も肝に銘じたいと思う。

冒頭に述べた樋口氏とのありがたい出会いに感謝しながら、私自身、これからも、樋口氏の教えを胸に、感謝と無私の精神と「おいあくま」の精神で、自らを鍛錬し、精進していきたいと考えている。

最後になるが、本書刊行にあたっては、株式会社講談社様をはじめさまざまな方々のお力添えがあったことに樋口氏は感謝されている。

末筆ながら、ご高配を賜ったこれらご関係者のみなさまに、樋口氏にかわり心から厚く御礼申し上げたいと存じます。

（「廣志会」代表世話人）

著者略歴

樋口廣太郎（ひぐち・ひろたろう）

1926年（大正15）、京都府京都市に生まれる。1949年（昭和24）、京都大学経済学部を卒業。同年、株式会社住友銀行（現・三井住友銀行）に入行。五反田支店長、秘書役、東京業務部長、業務推進部長等を歴任し、1973年取締役。1975年常務取締役。1979年代表取締役専務、1982年代表取締役副頭取に就任。56歳での副頭取就任は、当時の住友銀行の最年少記録であった。

1986年3月、住友銀行副頭取からアサヒビール社長に就任。翌年、新製品「アサヒスーパードライ」を発売、大ヒットさせ、社長在任中の6年間にアサヒビールは売上高3.1倍となり、業界第2位に躍進させた。同社を再建したその経営手腕は高く評価され、「アサヒビールの奇跡」と言われた。1992年（平成4）代表取締役会長。1999年取締役相談役名誉会長、2000年相談役名誉会長。

他方、1995年（平成7）には経団連副会長に就任。また、経済戦略会議議長、大阪証券取引所会長、内閣特別顧問など数多くの公職をつとめ、日本有数の財界人として活躍した。

現在は、アサヒビール名誉顧問、日本経団連顧問、公益財団法人新国立劇場運営財団顧問、経団連自然保護協議会特別顧問を務めている。

著書に、『知にして愚』『つきあい好きが道を開く』『チャンスは貯金できない！』『まずは、上座へ』『才能論』『人材論』『だいじょうぶ！必ず流れは変わる』『前例がない。だからやる！』『樋口廣太郎語録』など、多数ある。

樋口廣太郎の「感謝」の仕事学

2012年7月30日　初版発行
2012年11月16日　再版発行

著　者　樋口廣太郎
発行者　皆木和義
発行所　**株式会社東京堂出版**
〒101-0051　東京都千代田区神田神保町1-17
電話03-3233-3741　　振替00130-7-270
http://www.tokyodoshuppan.com/

印刷製本　　株式会社制作・校正室

ISBN978-4-490-20791-0 C0034